Seemann/Beyer · Unser Weimar

# Unser Weimar

## Ein Reisebegleiter für Kenner und solche, die es werden wollen

Annette Seemann (Texte),
Constantin Beyer (Fotos)

VDG

Besuchen Sie uns im Internet:
**www.asw-verlage.de**



Satz und Gestaltung: Monika Aichinger, arts + science weimar GmbH
Lektorat: Maria Erdmann, arts + science weimar GmbH

Druck: AALEXX Druck Produktion, Großburgwedel
ISBN 978-3-89739-960-0

**Bibliografische Information der Deutschen Nationalbibliothek:**
Die Deutsche Nationalbibliothek verzeichnet diese Publikation in der Deutschen Nationalbibliografie; detaillierte bibliografische Daten sind im Internet über http://d-nb.de abrufbar.

# Inhaltsverzeichnis

# Einleitung

Weimar ist für viele Menschen, Weimarer und Gäste, ein besonderer, ja ein Lieblingsort. Und das ist es auch für uns. Dieser Gesamtort wiederum ist zusammengesetzt aus sehr vielen einzelnen besonderen Orten. Sie sind teils bekannt und sichtbar, teils versteckt und (noch) nicht ganz so bekannt. Sie alle zusammen machen aber für uns jene bestimmte Atmosphäre Weimars aus, die wir so mögen: Da ist eine romantische alte Gasse, in dieser Gasse steht ein ganz modernes Restaurant und Hotel, aber es passt sich absolut ein, und da ist ein Platz mit vielen sympathischen Cafés, Restaurants und Läden, in der Mitte ein 200 Jahre alter Brunnen, und zu allem Überfluss steht da Deutschlands wohl berühmtestes Dichterhaus. Da trifft man auf ein fast versteckt liegendes Haus aus dem 18. Jahrhundert, unweit hört man die Ilm rauschen, da geht man beinahe zufällig bei einem der wunderbarsten Patissiers an einer schon fast verschwiegen zu nennenden Ecke Weimars vorbei, aber man sieht, es bilden sich regelmäßig große Schlangen vor seinem kleinen Laden ... man kann hier die sympathischste und kreativste Hutmacherin Deutschlands in ihrem Laden besuchen oder an einem Nachmittag bei einem Parkspaziergang von einer kleinen Kirche aus dem Mittelalter, vorbei an einer klassizistischen Villa, bis zu einem Funktionsbau der Moderne wandern ... und so weiter ...

Wer Weimar kennt und liebt oder wer es noch besser kennenlernen will, findet in diesem Reisebegleiter 100 und mehr besondere Orte – manchmal sind es auch Gegenstände, die für Orte stehen – beschrieben, die den Weimar-Aufenthalt oder das Leben in der Stadt auf jeden Fall bereichern: weil sie so schön, so interessant, aber auch so wichtig, so einzigartig, so erklärungsbedürftig sind.

Mit den ausgewählten Weimar-Miniaturen, bestehend aus Annette Seemanns Texten und Constantin Beyers Bildern, die Sehenswürdigkeiten oder auch nur Details derselben, Läden, Cafés, besondere Handwerksmeister, Kulturstätten und grüne Oasen, Innovatives und Traditionelles verknüpfen, wird sichtbar, wie in Weimar Geschichte, Gegenwart und – hoffentlich – auch die Zukunft miteinander verzahnt sind, wie man sich an einem Tag durch ganz unterschiedliche Zeitschichten begeben, Erkenntnisinteresse und Genuss, Bewegung und Kontemplation, Natur und Kultur in einem menschlichen Tempo miteinander vereinigen kann. Dem Museumsbesuch folgt vielleicht der ausgedehnte Parkspaziergang, bei dem die Begegnung im schönsten Sonnenschein mit einer Schafherde durchaus keine Seltenheit wäre oder man im Herbst die unglaublichste Laubfärbung der klug durchkomponierten Baum- und Gehölzbepflanzung wie ein Gemälde in sich aufnehmen kann.

Gruppen, Familien, Freunde, Paare und einzelne Spaziergänger finden in und um Weimar mit Sicherheit neben unseren besonderen Orten auch eigene, wenn sie mit Sensibilität und Neugierde auf die Erkundung gehen, denn ganz bewusst versteht sich diese Auswahl als eine letztlich offene Liste, und die Nichterwähnung eines Kuriosums, eines Kunstwerks, eines schönen Geschäfts, eines hübschen Bistros mit fantasiereicher Speisekarte bedeutet auf keinen Fall, dass es sich nicht lohnt, hier vorbeizuschauen.

Viel Freude zunächst beim lesenden Erkunden Weimars und dann bei den physischen, mit allen Sinnen erlebten Streifzügen durch unsere Stadt!

*Annette Seemann und*
*Constantin Beyer im Juli 2021*

## 1
## Der Frauenplan mit dem *Versunkenen Riesen*

Ausgangspunkt für unsere Weimar-Erkundung in Wort und Bild ist die vielleicht wichtigste Adresse für Menschen, die sich für deutsche Dichtung interessieren: der Frauenplan. Doch der genauen Anschrift „Frauenplan 2" nähern wir uns erst einmal vorsichtig, von weitem an – von einer Bank am anderen Platzende aus, die dem „Spielplatz", den der *Versunkene Riese* auch darstellt, nahe ist. Diese dreiteilige Skulptur aus schwarzem Pikrit oder Diabas scheint hier zu ruhen, versunken in den Kiesboden.

*„Ich wurde mit vier weiteren Künstlern aus Thüringen im Herbst 1990 eingeladen, Entwürfe für ein Kunstwerk an einem zugewiesenen Platz – der für mich vorgesehene war dieser – einzureichen. Die Pergola mit dem Weinlaub gab es schon, sie war nur kleiner und aus Holz."*

Die Pergola markiert die ursprüngliche Bebauungsgrenze des Platzes, das angrenzende kriegszerstörte Kaufhaus wurde erst 1961 niederge-

legt. Walter Sachs erläutert, dass das Werk künstlerisch-ästhetisch überzeugen, daneben Spiel- und Kommunikationsfunktionen erfüllen sollte.

Für Sachs, Weimarer Bildhauer und passionierter Leser, war klar, dass eine einteilige Plastik ein wenig kommunikatives Denkmal wäre. So hat er sich den *Versunkenen Riesen* einfallen lassen, einen Kopf mit Brust, dann das wieder auftauchende Knie und schließlich den Fuß – der einzig im Untergrund befestigt ist, sodass man ihn nicht einfach davontragen kann. Die anderen beiden Teile sind zu schwer für eine solche Unternehmung.

Ihn zu definieren, fällt selbst seinem Schöpfer schwer:

*„Er ist ein Philosoph, vom asiatischen Typus, vielleicht Lao-Tse? Oder persisch, Firdausi, Rumi, Hafis? Natürlich ist die Sichtbeziehung zum Goethehaus wichtig, und natürlich soll er die fruchtbare Beziehung Goethes zum Orient thematisieren, einen Dialog überhaupt anstoßen. Jeder darf sich fragen, was er uns hier sagen will. Durch die Größe des Kopfes spiele ich auch auf den monumentalen Kopf der* Juno Ludovisi *an."* (Die betrachten wir später gesondert, S. 13).

Sachs fährt fort:

*„Den Stein hatte ich schon vor dem Wettbewerb gefunden, im Frühjahr 1990, der schwarze Pykrit ist ungeheuer dicht und nahezu unzerstörbar. Mit dem*

*wollte ich etwas machen. Und dieser Entwurf wurde akzeptiert, auch, dass Kinder die Skulptur erklettern können, wurde gebilligt. Ein Jahr arbeitete ich an den drei Teilen. Schließlich konnte die Skulptur, lediglich unterstützt durch einen Kranfahrer als Transporteur, in ihren Teilen von mir platziert werden."*

Immer wieder kommen Eltern oder Großeltern mit kleineren Kindern vorbei, die auf den Riesen klettern, ja, auch auf seinen Kopf.

Hinter uns die Gerüche aus Weimars bester Fleischerei. Überhaupt bietet der Frauenplan eine große Palette ausgesuchter kleiner Geschäfte oder Cafés und Restaurants. Aufsteigend zum Wielandplatz etwa die *Brotklappe* mit hochwertigstem edlem Brot und Croissants, liebevoll hergestellt. Davor noch das *Schokolädchen* mit exquisiten Schokospezialitäten und auch besonders gutem Kaffee oder Trinkschokolade. Und auf der gegenüberliegenden Seite, neben dem Goethehaus, das *Gasthaus zum Weißen Schwan*.

Aber auf welche Frau verweist denn eigentlich der Frauenplan, auf eine der unzähligen, die um Goethe trabantengleich schwirrten, die ihn liebten, die er liebte, die ihn verehrten, die er förderte? Auf all jene zusammen?

Nein, die Wirklichkeit ist da einerseits banaler, andererseits spiritueller: Der Platz lag einst vor der Stadtmauer, das Frauentor war dort, wo heute das *Café am Frauentor* und die Deutsche Bank stehen, und der Name bezieht sich auf eine nicht mehr existierende Kapelle, gewidmet „Unseren lieben Frauen".

1821/22 wurde der Frauenplan gepflastert – erst im Alter hatte Goethe also keine besudelten Schuhe mehr, wenn er bei Schmuddelwetter zu Fuß aus dem Theater kam. Im selben Jahr wurde der ansprechende eiserne Brunnen, heute: Goethebrunnen, aufgestellt.

## 2
## Das Goethe-Haus mit der *Juno Ludovisi*, dem Garten und dem Steinpavillon

Wer immer das Goethehaus am Frauenplan schon zu Lebzeiten des Dichters besuchte und darüber berichtete, kommt mindestens auf zwei frappierende Dinge zu sprechen:

Zum einen ist da das repräsentative Treppenhaus, das Goethe sich im Zusammenhang mit seinem Hausumbau nach der Italienreise und insgesamt bis 1798 hatte einbauen lassen, zum zweiten der große Gipskopf der *Juno Ludovisi,* der – ebenso wie das Treppenhaus – die Menschen teilweise sogar verstörte. So ging es etwa Jean Paul, der von einem Gefühl der Angst angesichts der vielen Statuen und Bilder sprach, die der Sammler Goethe zusammengetragen hatte. Nun ging es auch Goethe zeitlebens ähnlich mit seiner Juno, ja mit Werken der Antike insgesamt, wie er es in Italien aufgeschrieben hatte: „Der Eindruck des Erhabenen, des Schönen, so wohltätig er auch sein mag, beunruhigt uns, wir wünschen unsere Gefühle, unsre Anschauung in Worte zu fassen: dazu müssten wir aber erst erkennen, einsehen, begreifen.“ Gleichwohl gehe eine erzieherische, humanisierende Wirkung von den Werken der Antike, von der Gegenwart der Juno vorzüglich aus, schreibt der Dichter

in seinem Bericht vom April 1788 während des zweiten römischen Aufenthalts.

Dem Juno-Kopf ist ein ganzes Zimmer gewidmet, in dem auch die von Goethe geliebte *Aldobrandinische Hochzeit* und sein Flügel stehen. Der Kontrast des weißen Haupts zur blauen, kühlen Wandfarbe ist groß, und von edler klassischer Schönheit blickt die Juno den Betrachter an. Sie vermochte den Dichter an seine glücklichste Lebenszeit, jene zwei Jahre in Italien 1786–88 zu erinnern. Am 6. Januar 1787 hält er in der *Italienischen Reise* fest: „Zu meiner Erquickung habe ich gestern einen Ausguß des kolossalen Junokopfes, wovon das Original in der Villa Ludovisi steht, in den Saal gestellt. Es war dieses meine erste Liebschaft in Rom, und nun besitz' ich sie. Keine Worte geben eine Ahnung davon. Es ist wie ein Gesang Homers." Die Juno inspirierte Goethe dichterisch, half ihm, sein ebenso klassisch-edles Drama *Iphigenie* fertigzustellen.

Ob es sich bei dem Kopf wirklich um eine Juno handelt, wie zuerst Johann Heinrich Füssli, der Maler, in einem Brief 1756 behauptete, wird heute allerdings bezweifelt. Vielmehr soll der Kopf nach moderner Deutung zu einer kolossalen Statue aus der römischen Kaiserzeit gehört haben, die die Mutter des Kaisers Claudius, Antonia Augusta, darstellte. Das Vorbild war also in der Tat eine untadelige Frau von großer Anmut.

Goethes Abreise von Italien bedeutete auch eine Trennung von seinem Junokopf, es freute ihn jedoch, ihn einer guten Freundin, die das Geschenk würdigen konnte, Angelika Kauffmann, zu überlassen.

Wie nun kommt Goethes Juno-Abguss in das Goethehaus? Hier handelt es sich um das kenntnisreich ausgewählte Geschenk des Staatsrats Schultz an Goethe im Jahr 1823. Die Freude des Dichters können wir uns vorstellen …

Machen wir nun einen Gang ins Freie, besehen uns Goethes Hausgarten. Was ist das Besondere an ihm?

Die Antwort fällt leicht: Dass er Goethe, einem Liebhaber und Kenner der Pflanzenwelt, gehörte und dass er seit dessen Lebzeiten, nur mit einer Unterbrechung zwischen 1840 und 1860 (damals kümmerte sich niemand um den Garten), immer von versierten Gärtnern gepflegt wurde, die die Grundstrukturen, die vielleicht noch älter als goethezeitlich sind, bewahrten. Der Garten weist also die Authentizität eines Gartens aus dem 18./19. Jahrhundert in einem Maße auf wie nur wenige bürgerliche Hausgärten. Wenn man so will, atmet man hier noch Goethe'schen Geist.

Der Garten besaß allerdings zwischen 1790 und 1816 starken Nutzgartencharakter, es gab große Spargelbeete, etwa rund um den roten Steinpavillon, viele Erdbeeren, auch Beerensträucher und Blumen, und dieser Aspekt ist heute leider nicht mehr anschaulich – er wäre für die derzeitige Personalausstattung in der Gartenabteilung der Klassik Stiftung Weimar ein nicht zu leistender pflegerischer Aufwand, wird aber zumindest wieder als Perspektive in Betracht gezogen, im Sinne eines Zurückholens der ursprünglichen Situation. Deutlich sind jedenfalls der Spazierbereich im westlichen Teil des Gartens und der Nutzgartenbereich im östlichen Teil voneinander geschieden gewesen, was heute noch erkennbar ist. Denn der Garten war für Goethe immer auch ein Ort, um in Ruhe den eigenen Gedanken im wahrsten Sinne des Wortes nachzugehen, etwa bei seinem Wandeln unter der Kornelkirschhecke, die in regelmäßigen Abständen verjüngt werden muss.

Goethe wurde 1782 zunächst Mieter des Hauses am Frauenplan, verfügte dann allerdings noch nicht über den rückwärtig an das Haus grenzenden 1550 Quadratmeter großen Garten, der mit seiner hohen Mauer zur Ackerwand durchaus den Eindruck der klösterlichen Abgeschiedenheit hervorrufen kann (einige Teile kamen noch hinzu, heute beträgt die Gartenfläche 1800 Quadratmeter). Erst, als er 1792 gemeinsam mit Christiane Vulpius und dem kleinen Sohn August hier einzog, übernahm er auch den Garten.

Wichtig für Goethe waren immer die Rosen und wurden dann ebenfalls die Astern, über die er sich mit seinem Briefpartner Nees von Esenbeck austauschte. Selbstverständlich blühten in Goethes Hausgarten nur alte Rosensorten, Duftrosen, Centifolien oder Rosen der Alba-Sorte, einige Sorten davon sollen schon in der Zeit vor 1400 existiert haben. Daneben spielten Dahlien, damals Georginen genannt, die er aus Tonndorf bezog, ebenso schon eine Rolle: Pompon-Dahlien, ball- und anemonenblütige. Und der Weinstock am Haus ist wirklich goethezeitlich. Darüber hinaus wurden in unserer Zeit Pflanzen auch deshalb neu in den Garten eingebracht, weil sich Goethe mit ihnen beschäftigt hat, etwa die Osterluzei. Heute sind ungefähr 500 verschiedene Sorten von Pflanzen im Garten zu finden, allein 68 Sorten Sommerblumen von A wie Abutilon (Schönmalve) bis Z wie Zinnia Elegans, neben den einjährigen Pflanzen auch die zweijährigen, die Stauden und Gehölze. Eindeutig am schönsten erlebt man den Garten Anfang Juni, wenn dann schon die Bauernpfingstrosen blühen.

Aber nun noch einen zumindest erklärenden Besuch eines leider nicht öffentlich zugänglichen Gebäudes auf dem Grundstück: Dieser Lieblingsort ist für mich auch deshalb einer, weil er so geheimnisvoll ist ...

Der dreigeschossige Pavillon, der wie der zweite Pavillon wahrscheinlich um 1725 zusammen mit dem Goethe-Wohnhaus entstand, ist in die Gartenmauer zur Ackerwand eingebunden. Er birgt, wie zu Goethes Lebzeiten, einen Großteil seiner 17.800 Exemplare umfassenden Fossilien-, Gesteins- und Mineraliensammlung. Die Sammlung weist kaum spektakuläre Stücke auf, zielt vielmehr auf das Goethe'sche Denken insgesamt im Hinblick auf die Frage, wie sich Leben aus Leben entwickelt und im Lauf der Zeit verändert. Erst die ihm von Herzog Carl August übertragene Aufgabe, den Kupfer- und Silberbergbau bei Ilmenau zu beleben, erweckte bei Goethe das Interesse an Geologie und Mineralogie, das ihn von nun an lebenslang bannen sollte: Er begann jetzt, systematisch Mineralien zu sammeln, eine umfangreiche Korrespondenz mit Freunden und anderen Sammlern schloss sich an. Johann Heinrich Merck bat er etwa, ihm bestimmte Fundstücke zuzusenden. Auf allen Reisen ab sofort, beginnend mit jener in den Harz, brachte Goethe nun Steine mit. Er ging später so weit, von Händlern besondere Steine zu erwerben, und auch seine Gäste wussten um sein Interessensgebiet und schenkten ihm interessante Mineralien: Für wissende Besucher war ein solches Geschenk oft ein Weg, um mit ihm in Kontakt zu treten. Außerdem ist seine Sammlung im Steinpavillon eine der wenigen privaten naturwissenschaftlichen Sammlungen aus der Zeit, die erhalten geblieben sind und nicht einem öffentlichen Institut eingegliedert wurden – sie befindet sich in derselben Ordnung, die einst Goethe installierte, ausgerichtet nach den morphologischen Ordnungsprinzipien und der Nomenklatur von Abraham Gottlob Werner, einem der einflussreichsten Forscher auf dem Gebiet der Mineralogie. Lediglich die Bestimmung der Objekte wurde inzwischen nach den modernsten Erkenntnissen durchgeführt.

Aus seiner Freude an der Bildung der Mineralien entwickelte Goethe Fragen: nach der Entstehung der Steine, zum mineralogischen und geologischen Aufbau der näheren Umgebung, zum möglichen Gang der Erdgeschichte, zur Wissenschaft der Geologie, die sich – unter der Bezeichnung „Geognosie" – noch in der Pionierphase befand und gerade erst im Entstehen begriffen war. Letztlich hat er für die Geologie, wie in mehreren anderen Feldern, dazu beigetragen, dass sie ein ausdifferenziertes Wissenschaftsgebiet wurde, das man an Universitäten studieren kann. Mit Eckermann ist Goethe im Alter immer wieder mit der Kutsche ausgefahren, so unter anderem sehr gern zum Ettersberg, wo er den Jüngeren auch bat, nach Versteinerungen zu schauen, und er beim Anblick von Muscheln und Ammonshörnern, die Eckermann fand, folgende Betrachtung äußerte:

*„Immer die alte Geschichte! […] Immer der alte Meeresboden! Wenn man von dieser Höhe auf Weimar hinabblickt, und auf die mancherlei Dörfer umher, so kommt es einem vor wie ein Wunder, wenn man sich sagt, dass es eine Zeit gegeben, wo in dem weiten Tale dort unten die Walfische ihr Spiel getrieben. Und doch ist es so, wenigstens höchst wahrscheinlich. Die Möwe aber, die damals über dem Meere flog, das diesen Berg bedeckte, hat sicher nicht daran gedacht, dass wir beide heute hier fahren würden. Und wer weiß, ob nach vielen Jahrtausenden die Möwe nicht abermals über diesem Berge fliegt."*[1]

## 3
## Die Seifengasse

Wenn man vom Goethehaus in Richtung Ilmpark gehen möchte, wird man seine Schritte fast unweigerlich durch die romantische Seifengasse lenken, und bei jedem Schritt über das Kopfsteinpflaster aus Kalkstein kann man sich immer weiter in der Zeit zurückbewegen: Die Gebäude in der Gasse, in der einst die Seifensieder ihre Wohnungen und Arbeitsstätten hatten, laden dazu ein, vor allem auch der Oppelsche Garten mit dem in den 1990er Jahren renovierten Pavillon, der 1757 durch

den Weimarer Geheimrat Johann Siegmund von Oppel errichtet wurde. Er ist einer der wenigen erhaltenen Gartenhäuser dieser Zeit in Weimar und bietet in den Sommermonaten italienisches Essen in mediterraner Atmosphäre an. Auch das Haus Nr. 10 und das zweigeschossige Gebäude Nr. 12 stammen aus dem 18. Jahrhundert.

Bewegen wir uns nun ganz konkret zurück in das Jahr 1779, als Goethe in der Seifengasse (bis 1781) sein städtisches *pied à terre* hatte, in dem Gebäude, in dem sich die renommierte Mal- und Zeichenschule Weimars befindet, die für alle Alters- und Talentgruppen eine Fülle von kreativen Kursen anbietet. Die drei großzügigen Häuser 14, 16 und 16a gehörten, wie auch das rückwärtig sich anschließende Haus der Frau von Stein, zum so genannten Stiedenvorwerk, einem größeren Anwesen bestehend aus Wirtschafts- und Wohngebäuden, das zu Beginn des 17. Jahrhunderts in den fürstlichen Besitz überging. Eine Dachkammer des Hauses Nr. 16 bewohnte Goethe damals, befand sich somit quasi Wand an Wand mit seiner Seelenfreundin Charlotte, die er auch fast täglich sah.

In der Seifengasse befindet sich auch das sympathische Familienhotel und Restaurant *Gretchens,* in dem Kinder wirklich willkommen sind und die größte Kaffeetasse der Welt, eine Kletterhöhle und einen Spielplatz auf der Dachterrasse vorfinden. Die Küche: regional und saisonal. Das Gebäude: kindgerecht, stilvoll, modern und ökologisch – die eigene Profilierung des *Gretchens* ist absolut zutreffend, die elf Ferienwohnungen in seinem Inneren sind zumeist ausgebucht. Auch fürs Essen sollte man reservieren.

# 4
# Kutschfahrt mit zwei Pferden: Stadtbesichtigung einmal anders

Gunter Grobe ist mein Gesprächspartner für diesen besonderen Weimarer Ort, die Pferdekutsche. Er hat das Fahren mit Pferden von seinem Vater, einem Landwirt, gelernt, der ab 1964 begann, etwa für Hochzeiten den „Transport per Kutsche" als Dienstleistung in Weimar vorzuhalten. Der Vater betrieb im Rahmen der Landwirtschaft auch die Pferdezucht, die die Familie erst 1995 aufgab.

Für Gunter Grobe selbst war der berufliche Weg zunächst identisch vorgesehen, aber das Studium der Tierproduktion gab er auf, um Anfang der 1980er Jahre in die Gastronomie zu gehen und zunächst im Ratskeller, dann im Hotel Elephant als Ökonom des Gaststätten- und Hotelwesens tätig zu werden. Der Fiaker, das Fahren mit den väterlichen Pferden blieb sein Privatvergnügen, und er offerierte es zunächst nur bestimmten Ehrengästen des Hotels. Er merkte, wie der Funke bei seinen Gästen übersprang, wie sie es genossen, sich durch das Hufeklappern der schweren thüringischen Warmblüter, die er wegen ihrer majestätischen

Allüre so liebt, hineinversetzen zu lassen in die Welt um 1800, die von Goethe, Schiller, Herder und Wieland, in einen anderen Lebensrhythmus, in dem man Zeit hat und die Eindrücke, die man sammelt, langsam in der Kutsche fahrend verarbeitet, vielleicht sogar bei einem Picknick in Belvedere, das Grobe seinen Gästen ebenfalls vorbereiten konnte.

Natürlich waren es eher Intellektuelle, die als Besucher Weimars solche Fahrten für sich reklamierten, meint er. Eine gründliche Vorbereitung war daher für ihn wichtig, hier las er sich ein, um die Welt der vergangenen Tage für die Gäste lebendig machen zu können. Und es kamen wirklich bedeutende Menschen ... Richard von Weizsäcker etwa ...

1984 gab Grobe die Gastronomie auf und spezialisierte sich ganz auf die Kutschfahrten. Er hat immer 10 bis 15 Pferde, denn ein guter Teil derselben muss erst für das Fahren zwei Jahre lang vorbereitet werden (damit anfangen können junge Pferde wegen der Belastung erst im Alter von 60 Monaten), und sie dürfen nur vier Stunden am Stück fahren, benötigen dann eine ausgiebige Ruhe- und Fresspause.

Das Kostüm, in dem Grobe die Gäste fährt, hat er „schon immer" gehabt, wie er sagt: Die anderen Kutscher und er hätten sich gegen den Dreispitz entschieden, der auch einmal Attribut eines Kutschers gewesen war. Sie seien für den Zylinder gewesen, wollten so aussehen, wie Kutscher Anfang des 19. Jahrhunderts wirklich ausgesehen haben. Um eben die Zeitreise für die Gäste möglichst glaubhaft zu initiieren.

Heute kutschieren für Grobe seine Frau und eine weitere angestellte Kutscherin, aber leider sieht er diverse Probleme seines raren Berufsstands: Der Autoverkehr sei immer rücksichtsloser und verständnisloser Kutschen und Pferden gegenüber, und warum gibt es keine besonderen Trassen für Kutschen, etwa auch an den Rändern des Ilmparks oder Richtung Tiefurt und Oßmannstedt? Der immer knapper gestrickte Zeitrahmen der Weimar-Gäste sei ebenfalls dem Gewerbe abträglich, denn wer sollte im Rahmen einer eintägigen Busreise nach Weimar überhaupt auf die Idee kommen, eine zweistündige Kutschfahrt zu machen, um die Stadt mit zwei PS in Ruhe kennenzulernen?

Aber alles spricht im Grunde für die Kutschfahrt. Sie eignet sich besonders für Kinder, die noch nicht gut zu Fuß sind und Tiere lieben, für Senioren, die Wege nicht mehr problemlos bewältigen, sie bietet viel Frischluft, und sie tut der Seele gut. Und auch heute wird in Weimar doch am liebsten in Verbindung mit einer Kutschfahrt des Brautpaars zur Kirche geheiratet.

## 5
## Der Gänsemännchen-Brunnen auf der Schillerstrasse

Bewegt man sich durch Weimars Fußgängerzone und erreicht dabei die Stelle, wo sich die ursprünglich die Stadt umgebende Stadtmauer befand, ist man in der Schillerstraße, ehemals Esplanade, wo Friedrich Schiller 1802 sein Haus kaufte. Doch damals schaute er aus den Fenstern, die heute auf andere Häuser blicken, auf Obstbäume, die schon unmittelbar hinter der ehemaligen Stadtmauer gepflanzt waren. Dass die Besichtigung des Schillerhauses empfehlenswert ist, steht außer Frage.

Wir jedoch lenken die Aufmerksamkeit auf den gegenüberliegenden, etwas eingerückt stehenden Sandsteinbrunnen mit seinem Brunnenaufsatz mit Schale (aus Gusseisen) und den vier Wasserspeiern, Schwänen. Ihn bekrönt das Gänsemännchen, ein Bauer, der wiederum zwei wasserspeiende *Gänse* im Arm hält. Der Gänsemännchenbrunnen ist im Sommer beliebt bei den Kindern, aber er wirft Fragen auf: Warum diese Figur? Was hat sie mit Weimar zu tun?

Um dies zu beantworten, muss man sich wieder mit Goethe beschäftigen, der sich für das Original des Brunnens in Nürnberg interessiert hatte (all das beschreibt Jakob Wassermann in seinem Roman *Das Gänsemännchen*):

Goethe war ein Bewunderer der Kunst der Renaissance und auch des aus dieser Zeit stammenden Nürnberger Künstlers Pankraz Labenwolf. Er hatte dessen Brunnen hinter der Nürnberger Frauenkirche 1788 kennengelernt und sich 1814 eine nicht mehr erhaltene Kopie schicken lassen. In Nürnberg hieß die Brunnenfigur übrigens noch „Entenmännchen". Die Goetheverehrerin Maria Pawlowna, die Goethes Liebe zu dem kunsthandwerklichen Produkt kannte, erwarb einen von 20 Bronzeabgüssen der Brunnenfigur aus Nürnberg. Und die Bewohner der Schillerstraße beantragten schließlich nach dem Tod der Großherzogin, 1859, dass eine Brunnenerrichtung in ihrem – und dem Goethe'schen – Sinne erfolgen sollte, natürlich in ihrer Straße. 1864 wurde der Brunnen dann aufgestellt.

Zahlreiche Erneuerungen gab es, dies ist für den Weimar-Besucher sicherlich unerheblich, doch steht eine Geschichte hinter der Figur des Gänsemännchens: In Wassermanns Roman (und wohl historisch korrekt) ist es der Nürnberger Komponist Daniel Nothafft – ein Renaissancekünstler, der mehrere gescheiterte Ehen aufzuweisen hatte und zusätzlich bei einem aus Eifersucht von einer seiner beiden geliebten Frauen gelegten Brand all seine Kompositionen einbüßte –, der Vorbild für das Gänsemännchen war. Die beiden Gänse wären dann seine beiden geliebten Frauen ... und er soll sich durch die Parodie in Gestalt der Brunnenfigur zu einer Läuterung angespornt gefühlt haben ...

Ganz nah befindet man sich hier auch zu Weimars ältester Buchhandlung von 1732, die Heinrich Sigmund Hoffmann am Markt gegründet hatte, die dann nach der Wende zum 20. Jahrhundert auf die Schillerstraße verlegt wurde und heute, bereits in dritter Generation, von der Familie Gräf geleitet wird. Ein Besuch lohnt sich allemal, die Weimar-Literatur wird hier ebenso vorgehalten wie sehr schöne Kinderbücher und vieles mehr.

# Der Zwiebelmarkt – Weimars ältestes Volksfest

Gern hätte ich den ersten urkundlich erwähnten „Viehe. Und Zippelmarckt" im Jahr 1653 erlebt, der somit seit mehr als 260 Jahren eine Tradition der kleinen ehemaligen Residenzstadt ist. Er begann als wenig spektakulärer Gemüsemarkt im Oktober, weitete sich dann zu einem veritablen Stadtfest aus, das einen wesentlich höheren Anspruch hatte, um im Jahr 2020 aufgrund der Pandemie wieder auf dem Status jenes Gemüsemarkts mit nur einigen Ständen auf der Schillerstraße zu landen. Und das hat mir, wie ich zugeben darf, besser gefallen als das in langen Jahren erlebte Gedränge und Geschiebe, die Straßen, die mit Müll und Scherben übersät waren und den Stadtbewohner seine Altstadt während des Zwiebelmarktwochenendes scheuen ließen, die ohrenbetäubende Musik allüberall, kurz: der immer gleiche Kirmes-Charakter, der den Zwiebelmarkt erfasst hatte. Diese Kulturkritik soll jedoch keinen begeisterten Zwiebelmarktfan abhalten von seinem Vergnügen. Die Geschichte des Fests sei in kurzen Sätzen resümiert:

Im Jahr 1673 erließ Herzog Johann Ernst II. ein Patent, mit dem er die städtischen Jahrmärkte neu ordnete. Dies betraf auch den Zwiebelmarkt, der nun auf den Montag nach Burchardi (den

14. Oktober) fallen sollte, gemeinsam mit dem zweiten Jahrmarkt Weimars, dem im Herbst nach jenem im Frühjahr. Der Zwiebelmarkt fand in Krisenzeiten wie während der Schlacht von Jena und Auerstedt im Herbst 1806 natürlich nicht statt – wurde aber damals im Dezember in Rumpfform nachgeholt, was Goethe im Tagebuch vom 14. Dezember 1806 mit den Worten „Zwiebelmarkt ohne Zwiebeln" kommentierte. Das sollte heißen, dass der Zwiebelmarkt, bei dem traditionell auch Porree, Meerrettich, Knoblauch, Sellerie und Majoran, Herbstgemüse also, verkauft wurden, inzwischen eine andere Rolle spielte, nämlich überregional Gäste anzog. Ab 1861 dehnte man ihn auf drei Tage aus, von Sonnabend bis Montag, und 1872 erhielt der Markt eine eigene Marktordnung, in der die Verkaufszeiten und Standgebühren geregelt waren. Ab 1894, aufgrund des Straßenbahnbaus, hatte man den ursprünglich am Frauenplan befindlichen Zwiebelmarkt mehr in die Frauentor- und Schillerstraße verlagert, die damals allerdings noch für den Autoverkehr offen waren.

Auch während des Ersten Weltkriegs (1917) musste der Zwiebelmarkt ausfallen: Die Zwiebeln waren der Zwangsbewirtschaftung unterworfen, das Heer hatte den Vorrang.

In der Zeit der nationalsozialistischen Regierung, 1936, bestimmte der Reichsstatthalter in Thüringen, Fritz Sauckel, einen inzwischen der Bevölkerung verständlicheren Termin des Zwiebelmarkts, der bis heute Geltung hat: Es ist der zweite Sonnabend im Oktober, an welchem der Markt offiziell eröffnet wird. Zwischen 1940 und 1948 fiel er dann kriegs- und nachkriegsbedingt ganz aus. Und 1949 wurde den Heldrunger Bauern, die traditionsgemäß mit ihren Zwiebelernten, den Zwiebel-

rispen aus roten und hellen Zwiebeln, und ihren Planwagen nach Weimar kamen und ihre Ernte in großen Pyramiden aufgeschichtet zum Kauf anboten, die Standgebühr erlassen, um sie überhaupt wieder nach Weimar zu locken.

Noch einmal entfiel der Zwiebelmarkt 1962 wegen der damals notwendigen Schutzmaßnahmen gegen die Maul- und Klauenseuche, um von da an mit ständig wachsenden Besucherzahlen seine Beliebtheit zu zeigen. 1990 wurde dann die erste Zwiebelmarktkönigin, die Studentin Mandy Büchner, gekrönt. Inzwischen findet seit längerem die offizielle Eröffnung am Sonnabend um 6 Uhr früh statt, und immer mehr städtische Flächen werden dem Zwiebelmarkt zugeschlagen, immer mehr Besucher kommen, immer mehr Bands spielen auf, und diese Entwicklung setzte sich bis in das Jahr 2020 weiter fort …

## 7
## Das Denkmal für Louis Fürnberg im Ilmpark am Schloss

Schwerlich kann ein Besucher Weimars heute die Persönlichkeit einordnen, der das von Martin Reiner gestaltete Denkmal gewidmet ist. Es heroisiert den schmalen Mann mit der Brille, der diese Persönlichkeit in Wahrheit war. Ein launiger Kenner kommentiert es so:

*„Der Platz für das Denkmal ist nicht zufällig gewählt, Fürnberg blickt auf den Hausmannsturm, die andere Blickachse verweist auf die Ecke zwischen Süd- und Ostflügel des Residenzschlosses. Eiben umgeben, ja verstecken das Denkmal heute. Eine Geranie in einem Plastiktopf steht davor, und dahinter hat sich eine Nottoilette breitgemacht."*

Nicht wegen der ästhetischen Anmutung soll dieses Denkmal Erwähnung finden, da gibt es so Etliches zu monieren, etwa die ungeschlachte, fast kubische Halspartie, ein gesondertes Gussstück der Bronze – aber es geht bei Louis Fürnberg (1909–1957) um die letztlich tragische Figur eines viel zu früh (mit 47 Jahren) verstorbenen Schriftstellers, der zeitlebens nie genug Muße zum „eigenen" Schreiben hatte, weil er es sich abnötigte, für den Kommunismus zu kämpfen, und in dessen Diensten abwechselnd als Journalist, Agitprop-Songschreiber, Rundfunkmann, Staatsbeamter und Diplomat tätig war. In seinen letzten Lebensjahren war er dann auch noch „Literaturverwalter" als Stellvertretender Direktor der Nationalen Forschungs- und Gedenkstätten der Klassischen Deutschen Literatur in Weimar. In der Rainer-Maria-Rilke-Straße steht sein schönes Haus, heute in familienfremdem Privatbesitz.

Louis Fürnberg hat die für jüdische Menschen des 20. Jahrhunderts, wenn sie überleben wollten und die Bedrohungen einschätzen konnten, typischen Irrfahrten hinter sich gebracht: Als sudetendeutscher Jude (jedoch religionsfern geprägt) in Iglau in der Tschechoslowakei geboren, mit der deutschen Sprache erzogen und in Prag aufgewachsen, trat der junge Fürnberg mit 19 Jahren in die Kommunistische Partei der Tschechoslowakei ein. Schon jetzt begriff er seine körperliche Schwächung durch Tuberkulose. Sich eher der Lyrik in der Nachfolge Baudelaires und Rilkes nahe fühlend, entschied er sich aus moralischer Verpflichtung gegen seine träumerische Verfasstheit und wandelte sich wie unter Zwang zum politischen Künstler, tingelte mit seinen Agitprop-Gruppen durch das Sudetenland, trug selbstgeschriebene Lieder appellativen Charakters vor und schrieb unter dem Pseudonym „Nuntius" für die deutschsprachige kommunistische Presse.

Als in Prag am 15. März 1939 die deutsche Wehrmacht einmarschierte und Böhmen und Mähren als reichsdeutsche Protektorate abgetrennt wurden, wollte Fürnberg, inzwischen mit Lotte Wertheimer durch Liebe und Ehe verbunden, nach Polen fliehen, wurde aber verhaftet und inhaftiert. Die deutschen Soldaten warfen ihm Bücher aus Arbeiterbibliotheken an den Kopf und machten ihn dadurch fast taub. Freunde erwirkten jedoch seine Freilassung und Abschiebung nach Italien durch den Freikauf. Hier traf er die geliebte Frau wieder. Es folgte ein mehrmonatiges Asyl in Jugoslawien. Eher gegen seinen Willen reiste er im April 1942 nach Palästina aus. Hier verfasste er wieder Gedichte, in denen er Verse als Waffen anderer Art ansah.

Nach dem Krieg wurde er in Prag Korrespondent kommunistischer Zeitungen in Europa und Palästina, was ihm Auslandsreisen ermöglichte. Ab sofort publizierte er unter dem eigenen Namen. Aber auch diese Heimat wurde ihm noch genommen, genauso wie den anderen Sudetendeutschen. So kam er 1954 in die DDR, nach Weimar als seine „Endstation". Und war als Jude auch hier nicht geliebt und liebte weder die Stadt noch die Zeit, für die sie damals ausschließlich vereinnahmt wurde, jene der Klassik. In seinem Gedicht *Im Weimarer Park* entwirft er das typische Bild vom Fürsten der feudalen Zeit, Carl August, dessen Reiterstandbild gerade einen weiten Steinwurf entfernt auf dem Platz der Demokratie steht, auf bezeichnende Weise:

*„[...] Hoch zu Roß sitzt er, ein Imperator,*
*dick und faul, man sieht es ihm an,*
*vor der Hochschule für Musik,*
*als ritte er eben vom Salvator."*[2]

Fürnberg glaubte bis zuletzt an den immer weiter voranschreitenden Sozialismus, wenngleich im Detail alles noch unvollkommen war und blieb ... Das, wofür man ihn, wenn man in der DDR geboren ist, erinnert, ist kein Gedicht, sondern ein Lied, das jeder kannte und über das man sich, je länger die DDR währte, umso lustiger machte: *Die Partei, die Partei hat immer recht ...*

An Fürnberg nur im Zusammenhang mit diesem Lied zu denken, das er gleichwohl in voller Überzeugung verfasst hat, ist ungerecht: Schön ist seine *Mozart-Novelle,* schön ist auch seine *Begegnung in Weimar* (Erstdruck: Berlin 1952), in der er die Begegnung zwischen dem polnischen Nationaldichter Adam Mickiewicz und Goethe schildert. Aber in gewisser Weise bildet die Situation seines Denkmals ein Symbol für diesen weitgehend vergessenen Dichter, dessen Gedicht *Alt wie ein Baum* immerhin von den Puhdys zu einem Song verarbeitet wurde.

## 8
## Der Ilmpark

Wen verführt diese riesige grüne Lunge Weimars nicht zu einem langen Spaziergang, der immer anders ist, immer andere Lichtstimmungen bietet, unzählige Aus- und Durchblicke gewährt? Kenntlich sind die Sichtachsen, die hier über Jahrhunderte durch gärtnerische Pflegeschnitte erhalten wurden, mittels kleiner Pfeiltafeln aus Metall, die in den wassergebundenen Bodenbelag der Wege eingelassen wurden.

Nicht zu Unrecht haben schon viele berühmte Menschen diesen Park gepriesen. Der Schriftsteller und Historiker Adolf Stahr (1805–1876) ging sogar so weit, zu behaupten:

„Weimar ist eigentlich ein Park, in welchem eine Stadt liegt [...] Der Park beginnt südlich vom Schlosse, an das er unmittelbar herangeht. Keine Mauer umschließt, kein Gitter umgränzt diese liebe Schöpfung Goethes und Karl Augusts, an welche ein halbes Jahrhundert später der große Park- und Gartenkünstler, Fürst Pückler, die letzte Hand gelegt hat. Wie Stadt und Park ineinandergehen, so verlieren sich Park, Feld und Wald nach allen übrigen Seiten ineinander, und da das Auge nie und nirgends an eine Trennung, an ein Aufhören durch irgend eine Schranke erinnert wird, so überkommt uns in dem engen Raume, den die eigentlichen Parkanlagen einnehmen, ein Gefühl unbegränzter Freiheit."[3]

Ein Gefühl unbegrenzter Freiheit überkommt auch den heutigen Spaziergänger zuweilen, der Kopf wird frei, das beruhigende Grün, das Plätschern der Ilm tun ihr Übriges. Kurz: Eine Stunde im Park ist wie ein Kurzurlaub, und wie oft ist hier nicht schon eine kreative Idee geboren, ein wichtiges Gespräch geführt worden.

Die eigentlichen Parkanlagen zu Carl Augusts und Goethes Zeiten waren wesentlich kleiner, die heutigen jedoch sind wirklich sehr groß: Der Ilmpark erstreckt sich auf 48 Hektaren und gehört als UNESCO-Weltnaturerbe zu dem großen Ensemble „UNESCO-Weltkulturerbe Klassisches Weimar".

Der Park mit seinen vielen besonderen Stellen und Memorialstätten ist, wie Stahr sagt, tatsächlich

ein Werk der Zusammenarbeit zwischen Goethe und Carl August, denn zwar gab es in Weimar schon seit der Renaissancezeit Gärten, die in der Barockzeit umgestaltet worden sind. Doch ihr Charakter war der von Schlossgärten, die unmittelbar an die Wilhelmsburg angrenzten und noch nicht öffentlich zugänglich waren. Dass der Park dem Bürgertum geöffnet wurde, indem man seine Umfassungsmauern abgetragen hat, vor allem auch, um die abgezirkelte Barockgartenwelt in einen Park der Empfindsamkeit und dann in einen englischen Landschaftspark zu verwandeln, war ein Werk, das zum großen Teil der Überredungskraft Goethes geschuldet war, der 20 Jahre nach seiner Ankunft in Weimar schrieb: „Die Parkanlage ist eine der gelobtesten in Deutschland, sie wird von den Einheimischen mit Vergnügen, von den Fremden mit Bewunderung besucht. Wohlgewählte Kupfer, Zeichnungen und Beschreibungen werden sie immer bekannter und angenehmer machen.“[4]

Heute geltende Einschränkungen in diesem Park sollten als solche nicht zu stark ins Gewicht fallen: Grillen und Zelten sind ebenso verboten wie das freie Laufenlassen von Hunden; Radfahren ist nur auf einem großen Weg in nord-südlicher Richtung gestattet. Hingegen wird sich jeder Einheimische und Fremde freuen über ungemähte Wiesen, eine Schafherde, die diese dann und wann mal abweidet, über so viele alte und älteste Bäume und zahlreiche Arten von Sträuchern sowie natürlich über den Garten im Garten, den Garten von Goethes Gartenhaus.

## 8.1 Die Ausgangssituation der Parkarchitekturen im Ilmpark

Begeben wir uns nun spazierend erneut auf eine Zeitreise in das 18. Jahrhundert und versuchen uns vorzustellen, wie der Park zu dem geworden ist, was wir heute vorfinden.

Wenn wir also vom Residenzschloss unterhalb der Schlossbrücke kommend die große Allee Richtung Süden gehen und rechts in einen Weg abbiegen, kommen wir zur so genannten Naturbrücke, die es schon zu Goethes Zeiten als einen Steg gab, den man „Floßbrücke“ nannte. Unklar bleibt sicherlich für immer, ob Goethe hier im Sommer des Jahres 1788 seine Christiane traf.

Auf jeden Fall aber betritt man hier jenen Ursprungsbereich des Parks, in dem Goethe als Gestalter wirkte. Er atmet eine besonders romantische Atmosphäre: Das *Felsentor* oder *Nadelöhr* wurde 1778 zur Erinnerung an die junge Hofdame Christel von Laßberg errichtet. Sie war im eisigen Wasser der Ilm gefunden worden, hatte eine Tanzprobe des Hofs versäumt, als für den Geburtstag der Herzogin Louise eine Aufführung einstudiert wurde. In der Tasche ihres Kleides trug sie Goethes Roman *Die Leiden des jungen Werthers* ... lange beschäftigte Goethe dieses traurige Vorkommnis, und er mag sich gefragt haben, ob er vielleicht einen Fehler begangen hatte, indem er diesen Roman veröffentlichte, der allenthalben Selbstmorde empfindsamer junger Leute hervorrief.

Spontan hatte er den Einfall, einen Erinnerungsort zu stiften für die arme Christel: Schon am Abend nach ihrem Tod begann er daher, gemeinsam mit dem Hofgärtner Gentzsch und anderen Helfern, am westlichen Ilmufer eine Grotte in den Felsabhang zu treiben. Er arbeitete lange, bis in der Nacht ihre Todesstunde erneut kam. Es entstand das *Nadelöhr,* das Goethe in der Folge weiterentwickelte, indem ein dort einmal befindlicher Steinbruch ausgehöhlt wurde. Im Mai 1778 kam das *Felsentor* hinzu. Und im Sommer 1778 wurde es fertig gestellt: Die Vorstellung leitete Goethe, dass man von oben nach unten kommend quasi ins Totenreich gelangte, dass man dann, sobald man die Ilm überquert hätte, erneut in die heitere Helligkeit einginge ... all das waren gewünschte Effekte, die mit unterschiedlichen Gefühlen beim Spazierengehen verknüpft sein sollten.

Ebenfalls 1778, zum Namenstag der Herzogin, war Goethe als *Maître de Plaisir* zuständig für die Festplanung. Erneut kam ihm der schon eingerichtete Platz in den Sinn, wie auch eine ebene Stelle in dessen Nähe, wo ein unbenutzter Pulverturm stand. Dies sollte, ganz so, wie die Illustration in einem Roman von Wieland, *Sokrates mainomenos oder die Dialogen des Diogenes von Sinope,* es vorschlug, der Ort sein, an dem eine

Hütte mit Spitzdach als eine Art Häuschen oder Kloster errichtet wurde.

Das heute hier daran erinnernde Borkenhäuschen steht leider Besuchern nicht offen, und den Pulverturm gibt es nicht mehr, ebenso wenig die sich anschließende Mauer, die Goethe als gotische Ruine interpretiert hatte: An diesem Ort kam am 9. Juli 1778 das Dramolett für die Herzogin Louise zur Aufführung, in dem die Mitspieler als Mönche verkleidet spielten und der Hofgesellschaft die natürliche Lebensweise der Mönche als gesund vor Augen geführt werden sollte. Wir befinden uns hier übrigens ganz in der Nähe der Parkhöhle, die allerdings in einem anderen Zusammenhang weiter hinten im Buch Würdigung finden soll …

## 8.2 Das Römische Haus mit Blick zum Goethe-Gartenhaus

Ein Herbsttag in Weimar mit morgendlichem Nebel im Ilmpark und eine kleine Fahrradtour Richtung Schloss Belvedere vermögen dem Vorbeifahrenden aus den Nebelschwaden auftauchend einen zauberischen Tempel entstehen lassen: Italien im Norden, die Vereinigung von Gegensätzen … So etwas bildete wohl die ursprüngliche Idee des Römischen Hauses, das erneut in engster Beziehung zwischen dem Herzog Carl August und seinem nach Italien entschwundenen Freund Goethe entstanden war. Der Herzog war der einzige, der von Goethes Plänen

wusste, sie gar billigte, und der ihm den Auftrag mitgab, zu recherchieren, wie die italienische Landhausarchitektur der Renaissance etwa bei Palladio und anderen Zeitgenossen beschaffen war. Etwas Ähnliches an der Ilm zu bauen, schwebte ihm damals schon vor. Als Rückzugsort vom Hof und von der Herzogin und möglichst in Sichtbeziehung zu dem „deutschen" Gartenhaus seines Freundes Goethe: ein Weinberghaus und ein Tempel, beides Symbole für eine sehr ungewöhnliche Freundschaft, die lebenslang hielt.

Das Römische Haus wurde das erste klassizistische Bauwerk in Weimar. Es beruht auf den gemeinsam mit Goethe schon in Rom entwickelten Plänen des Hamburger Architekten Arens, der den Bau jedoch nicht bis zum Ende begleitete, da er Weimar schon 1791 verließ. Doch nach seinen Plänen konnte das Haus am 37. Geburtstag des Herzogs, am 3. September 1794, eingeweiht werden. Insbesondere auf der Ilmseite ist die Anmutung des Hauses grandios, erblickt man die im Boden ohne Platten verankerten dorischen Säulen, die ein steinernes Becken als Blickfang umrahmen und die Verbundenheit des Hauses mit der es umgebenden Natur zeigen sollen.

Auf der Schauseite zur Belvederer Allee hingegen prunken die ionischen Säulen, also „kultiviertere" Formen; im Inneren eine, wie in Weimar üblich, eher schlichte Ausstattung, wie ein Besucher, der Dichter Adolf Stahr, nach des Herzogs Tod noch feststellen konnte. Und da die originalen Ausstattungsstücke nicht mehr vorhanden sind und auch nicht simuliert werden, mag es der Fantasie aufhelfen, diese schöne Beschreibung der damaligen Einrichtung zu lesen:

*„Ein Vorgemach mit einer Schale von Rosso antico und ein paar Statuen geschmückt, ein größerer Eßsaal, ein Arbeitszimmer und ein Schlafgemach – das ist der ganze Inhalt des inneren kleinen Baus. […] An den Saal stößt das Arbeitszimmer, darin ein schlichter Holztisch mit ganz einfachem ja ordinairem Schreibgeräth, Messern, Dinte- und Sandfaß, alles grob gearbeitet wie*

*in einem Bureau. Daneben der Staatskalender des Jahres 1828, des Todesjahres von Karl August. Ein kleines Schlafkabinett ist an den Wänden bestückt mit römischen Landschaften, Sepiazeichnungen unter Glas von Elisa Gore und mit einigen Aquarellen an den Wänden. Auch in dieser Vorliebe für das Allereinfachste der eigenen Umgebung stimmte Karl August mit seinem Goethe zusammen."*[5]

## 8.3 Der *Stein des guten Glücks* in Goethes Garten im Ilmpark

Auch wer nur für kurze Zeit in Weimar weilt, wird sicherlich Goethes Gartenhaus im Ilmpark einen Besuch abstatten: Es lag zu Zeiten des Dichters inmitten von Weinbergen und war ein Ende des 16. oder Anfang des 17. Jahrhunderts errichtetes Weinberghaus. Das Gartenhaus zu besitzen, ermöglichte Goethe das Bürgerrecht in Weimar, das wiederum die Voraussetzung für Sitz und Stimme im Geheimen Consilium des Weimarer Staats war, dem höchsten Regierungsorgan. Dieses Amt wurde ihm mit der stattlichen Summe von 1200 Talern im Jahr entlohnt, einer damals exorbitanten Summe.

Das Gartenhaus und der große, es umgebende Garten waren für den Dichter aber auch Zufluchtsort vor den Abhaltungen von der dichterischen Tätigkeit durch seine neuen Ämter in so vielen Bereichen. Und diesen Charakter atmet das Haus, atmet das wunderschöne Grundstück. Zwar gibt es heute aus pflegetechnischen Gründen keine Nutzpflanzungen wie Spargel und vieles andere mehr, aber eine Streuobstwiese im oberen Bereich existierte auch schon zu Goethes Zeiten. Das schöne Mosaik aus Saalekieseln vor dem hinteren Hauseingang wurde vor wenigen Jahren ersetzt, nach einem Arbeitseinsatz der Gartenabteilung der Klassik Stiftung Weimar an den Saaleufern zur Ersatzbergung von verloren gegangenen Kieseln. Haus und Garten sind eine Einheit, und ein besonderes Stück vermag den Goethe'schen Geist auf den Punkt zu bringen:

Ihn, den *Stein des guten Glücks (Agathe Tyche),* ließ Goethe sich ziemlich bald nach seiner Ansiedlung in Weimar nach eigenen Vorstellungen und künstlerischen Plänen von Adam Oeser, seinem Zeichenlehrer in Leipzig, konzipieren und gestalten. Daneben wurden noch zwei weitere Steinmonumente auf dem Grundstück errichtet: der *Erwählte Fels,* der ein Gedicht Goethes von 1782 auf Charlotte von Stein preisgibt und sich an dem Sitzplatz im Garten befindet, den diese als den ihr liebsten erwählt hatte, sowie der so genannte *Schlangenstein* mit der Inschrift „Genius huius loci", den der Hofbildhauer Klauer 1797 kreierte. Die Schlange sollte ein Schutz- und Lebensgeist des Ortes und der Fruchtbarkeit sein, der Stein quasi ein Dank dafür.[6]

Rätsel gab vielfach das dritte Denkmal in diesem ehemaligen Nutz- und Ziergarten auf: Die Kugel auf dem Würfel, der *Stein des guten Glücks,* ein Sandsteindenkmal. Am 5. April 1777 vermerkte Goethe im Tagebuch, er habe die Konzeption der *Agathe Tyche* – diesen Begriff immer in griechischer Schrift – „gegründet".

Ein kleiner Rückblick: Ein Jahr zuvor, am 21. April 1776 hatte ihm der Herzog Carl August das Gartenhaus geschenkt, überglücklich war Goethe damals.

Tyche, der Zufall, das Glück oder die Glücksgöttin, hat verschiedene Symbole, etwa das Füllhorn, als Zeichen ihrer Unbeständigkeit außerdem das Rad. Wir bezeichnen sie auch als gütiges Geschick, als guten Geist. Sokrates belegt mit ihrem Namen das Gewissen, und im Christentum ist sie ein Geschenk Gottes.

Die Frage ist: Welche Beweggründe gab es für Goethe, so bald nach seiner Ankunft dieses Denkmal zu errichten, im Grunde ein erstes abstraktes Denkmal in Deutschland? Dazu kann maximal spekuliert werden: Zum einen wird in der Literatur Goethes Dankbarkeit dem Herzog gegenüber angeführt für diesen Schritt, aber gleichzeitig auch seine Beziehung zu Charlotte von Stein, die damals wohl zu seinem Enthusiasmus beitrug.

Belassen wir es bei diesen unbelegbaren Vermutungen und ordnen uns Heutigen dieses gute Glück einmal getrost zu, wenn wir den Stein sehen und auch vielleicht berühren.

## 8.4 Die Schaukelbrücke

Im Ilmpark gibt es eine ganze Reihe von schönen Brücken, die hier in anderen Zusammenhängen auch zum Teil erwähnt wurden und werden. Von Norden nach Süden sind es die Kegelbrücke, die Schlossbrücke, die Naturbrücke, die Duxbrücke und schließlich, am südlichen Ende des Ilmparks, fast schon in Oberweimar, die Schaukelbrücke. Nun also nicht die legendären sieben Brücken, über die man gehen muss, sondern nur fünf, aber dafür sind sie alle ausnehmend schön und ganz unterschiedlich, und die Schaukelbrücke ist die eigentümlichste.

1833 wurde sie vom Baurat Carl Friedrich Christian Steiner erbaut und stellt in gewisser Weise die Verbindung zwischen Modernität und

Klassizität dar. Auf diesen Architekten und wiederum Sohn eines Architekten aus Braunschweig gehen auch die Errichtung des Tempelherrenhauses im Ilmpark, der Umbau des Bibliotheksturms (siehe hier S. 57) und der Wiederaufbau des abgebrannten Hoftheaters 1825 zurück. Steiner war außerdem Lehrer an der Freien Zeichenschule und an der Freien Gewerkschule (oder Baugewerkschule).

In der Anmutung wirkt die Brücke traditionell, doch die eiserne Hängekonstruktion, die zwischen vier Tragpfeilern aus Travertin eingebracht wurde, ist für die damalige Zeit sehr fortschrittlicher Ingenieurstechnik geschuldet. Und das Gefühl, über die schwankenden, an eisernen Ketten aufgehängten Eichenbohlen zu laufen, lässt den Spazierenden die Ilm als einen Strom empfinden, und man selbst glaubt, man geht schwankenden Schrittes auf einem Schiff ... Ein baufälliger Holzsteg war der Vorgängerbau dieses heutigen technischen Denkmals, das auch Kinder begeistert, vor allem, wenn man mit ihnen kleine Stöckchen auf der Seite der Brücke, von der die Strömung kommt, ins Wasser wirft und rasch die Seite wechselt, um sie wieder auftauchen zu sehen ...

## 9
## Lieblingsbäume

Weimar, die grüne Stadt, die Stadt mit den großzügigen Parkanlagen, vermittelt über diesen Park immer noch das Gefühl unbegrenzter Freiheit, das Adolf Stahr beschrieb (vgl. S. 28): Die Blickachsen leiten den

Spaziergänger immer ins Unbegrenzte, zudem erhält man den Eindruck der ewigen Dauer, ja der Zeitlosigkeit. Dieser wird vor allem durch teils sehr alte, große Bäume bewirkt, die inmitten niedrigerer Gehölze stehen, und durch Wiesenstücke, auf denen zu verschiedenen Zeiten des Jahres Schafherden weiden, sodass wir uns in einer arkadischen Landschaft wähnen und über die besonders alten Bäume sogar unmittelbar an die Goethezeit anknüpfen können.

## 9.1 Der älteste Baum im Ilmpark

Unzweifelhaft ist das die Eiche am nördlichen Grundstücksende des Goethe-Gartenhauses, die um 1800 ein großer Baum von damals bereits 200 Jahren war – dies ist über dendrologische Untersuchungen nachzuprüfen, wie mir der frühere Gartendirektor der Klassik Stiftung Weimar, Jürgen Jäger, glaubhaft versichert. Er weiß alles über die Bäume im Ilmpark, und nicht nur dort und nicht nur über Bäume, sondern über alle Pflanzen. Vertrauen wir seinem Wissen daher und vergegenwärtigen uns, was die Eiche, die heute 400 Jahre alt ist, schon sah:

Sie erlebte den jungen Goethe in seiner frühen Weimarer Zeit, war stumme Zeugin seiner kleinen Feste und Gastlichkeiten im Gartenhaus, der Besuche Charlotte von Steins, des lustigen Ostereiersuchens, das er für die Kinder seiner neuen Weimarer Freunde veranstaltete, war Zeugin seiner ersten Verliebtheit in Christiane Vulpius, die im Gartenhaus in seiner Abgeschiedenheit ihren Ort hatte …, und es kamen und gingen immer viele Menschen, bedeutende und einfache, kurz: Diese Eiche hat viel erlebt.

Die damals ebenfalls auf einem alten Parkplan eingetragene Esche auf der großen Wiese existiert seit etwa 30 bis 40 Jahren nicht mehr. Aber es gibt bis heute sehr betagte Linden, die auf dem Plan von 1808 (also der Maria-Pawlowna-Zeit) einmal rund um die zu dieser Zeit östlich vom Hofgärtnerhaus gelegene „Schnecke", einen Aussichtspunkt für den Park, als runde Begrenzung des Platzes, und in der „Seufzerallee" am heutigen Beethovenplatz als Alleebäume standen. Einige wenige dieser alten Linden stehen immer noch.

Das Gros der Bäume im Ilmpark wurde nach 1778 und bis 1823 gepflanzt, es handelt sich also um einen Baumbestand von hohem Alter. Immer wieder fallen jedoch die bejahrten Bäume. In letzter Zeit gibt es in den heißen Sommern oft Astbruch, und die Bäume leiden unter Wassermangel. Nachpflanzungen werden konsequent durchgeführt, das muss sein, um weiter den Eindruck eines natürlichen Ensembles von Bäumen unterschiedlicher Art, Höhe und verschiedenen Alters zu vermitteln.

Englische Landschaftsparks wie dieser wirken zwar sehr natürlich, doch benötigen sie ebensolche Pflege wie barocke oder andere Gärten, die einen „aufgeräumteren" Eindruck machen. Im Ilmpark verzichtet man weitgehend auf Einsatz von chemischen Pflanzenschutzmitteln, die Wiesen werden erst nach dem Blühen mit der Sense geschnitten bzw. von den Schafen eingekürzt.

## 9.2 Der älteste Ginkgo Weimars

Der Ginkgo spielte in Goethes Leben eine große Rolle. Kennengelernt hat er den Baum auf seinen Reisen; wo genau, ist nicht überliefert. Auch im Garten Goethes an seinem Haus am Frauenplan gab es einen Ginkgo. Seinem eindrucksvollen zweigegliederten Blatt, das im Herbst in einem Tag von lichtem Grün zu Maisgelb wechselt, hat er im *West-östlichen Diwan* (1819 veröffentlicht) ein weithin bekanntes, 1815 verfasstes Gedicht gewidmet, das wohl zu Recht als Symbol seiner Liebe zu Marianne von Willemer gedeutet wird – nicht umsonst steht es in meinem Lieblingsbuch des *Diwan,* dem Buch *Suleika,* das in der Kommunikation mit der ebenfalls für das Buch dichtenden Marianne entstand:

*„Ginkgo Biloba*
*Dieses Baums Blatt, der von Osten*
*Meinem Garten anvertraut,*
*Gibt geheimen Sinn zu kosten,*
*wie's den Wissenden erbaut.*

*Ist es ein lebendig Wesen,*
*Das sich in sich selbst getrennt?*
*Sind es zwei, die sich erlesen,*
*Daß man sie als* eines *kennt?*
*Solche Frage zu erwidern,*
*Fand ich wohl den rechten Sinn;*
*Fühlst du nicht an meinen Liedern,*
*Daß ich eins und doppelt bin?"*[7]

Großherzog Carl Augusts Interesse an der Botanik, dem er in Schloss Belvedere nachging, wo im Roten Turm auch die Gartenbibliothek aufgestellt war, veranlasste ihn, durch August Wilhelm Dennstedt ein Verzeichnis seiner zahlreichen Blumen, Stauden und Gehölze anlegen zu lassen, den *Hortus Belvedereanus,* der 1820 erschien. Dort wird auf Seite 60 auch *Ginkgo biloba, v. Salisburia* aufgeführt. Der Baum war also in der botanischen Sammlung Belvederes zu diesem Zeitpunkt vorhanden. Den ältesten Ginkgo im Stadtgebiet Weimars verortet man ebenfalls als in dieser Zeit gepflanzt, nämlich zwischen 1810 und 1820: Er wurde vom Hofgärtner Johann Christian Sckell, dem Stammvater einer ganzen Dynastie von Weimarer Hofgärtnern und Garteninspektoren auch nach der Großherzoglichen Ära, auf der östlichen Seite des Fürstenhauses gesetzt, wo er heute noch bewundert werden kann.

## 9.3 Die Pawlownie (Paulownia Tomentosa) im Park von Belvedere

Dieser Baum neben dem nördlichen Orangeriegebäude im Schlosspark von Belvedere überragt die Orangerie um Etliches und ist mehr als hundert Jahre alt – wie alt genau, ist jedoch nicht überliefert. 1928 war er im kalten Winter total erfroren, schlug allerdings am Stamm erneut aus, teilte sich, sodass die jetzige Pawlownie zwei Stämme besitzt. Sie ist nicht, wie man meinen könnte, nach Maria Pawlowna benannt worden, der Frau von Carl Augusts Sohn Carl Friedrich, die 1804 mit ihrem Ehemann aus Petersburg kommend in Weimar einzog, sondern nach ihrer jüngsten Schwester Anna Pawlowna (1795–1865), die den niederländischen Thronfolger Wilhelm von Oranien heiratete. Dieser niederländischen Königin widmete Philipp Franz von Siebold den Baum. Der Würzburger Naturforscher, Arzt und Japanologe, der in niederländischen Diensten stand, brachte den Blauglockenbaum von Japan nach Europa.

Die Pawlownie gehört zu den wenigen natürlich vorkommenden blaublühenden Bäumen. Ihr schnelles Wachstum und festes Holz machten sie auch für eine Verwertung interessant. Während sie früher aufgrund der zu strengen Herbst- und Wintertemperaturen, zu den Zeiten also, wo sie bereits ihre Blüten vorbereitet, selten blühte, ist das Schauspiel der blauen Glocken heute fast jährlich im April/Mai zu bewundern.

10

# Liszts Flügel im Liszt-Museum

Das gründlich restaurierte Haus in der Marienstraße 17 wirkt mit dem Floßgeldeinnehmerhaus gegenüber wie ein liebenswürdiger Stadteingang Weimars von Süden her. Auch sein Bautypus, der des freistehenden Landhauses, macht es anheimelnd. Franz Liszts Wohnung im ersten Obergeschoss des Hauses zeigt die sorgfältig restaurierten Räumlichkeiten des Virtuosen und Komponisten: Das Wohn- und Arbeitszimmer als zentraler Salon sowie das Schlafzimmer blieben in der ursprünglichen Einrichtung erhalten. Das Speisezimmer stellt eine Annäherung an die frühere Möblierung dar, das Dienerzimmer ist rein museal ausgestattet. Im Erdgeschoss sieht man eine multimediale Dauerausstellung zum Leben, Werk und Wirken Liszts.[8]

Kurz einige historische Fakten: 1798/99 wurde der so genannte „Pavillon vor dem Frauenthore“ als Haus für den Hofgärtner errichtet und 1819 dem Floßgeldeinnehmerhaus gegenüber baulich angepasst. Nach-

dem das Gebäude zwischen 1854 und 1868 von den Malern Friedrich Preller d. Ä. und Hermann Wislicenus als Atelier genutzt wurde, übergab es der Großherzog Carl Alexander ab 1869 Franz Liszt (1811–1886) bei seinen Aufenthalten in Weimar zur Wohnung, zu Unterrichtszwecken und zur Repräsentation. Unmittelbar nach Liszts Tod wurde das Haus, da es sich im Besitz des Großherzogs befand, als Gedenkstätte für den Komponisten eingerichtet.

Erhalten ist neben dem Mobiliar auch Franz Liszts Bechstein-Flügel, auf dem man sogar gelegentlich kleine Konzerte erleben kann. Der erklärte Experte zu diesem Kontext, der Musikwissenschaftler Prof. Dr. Wolfram Huschke (seine Familie war schon in der Goethezeit hier beheimatet) erzählt mir, dass Franz Liszt grundsätzlich zu mehreren Klavierfabrikationen guten Kontakt hatte, so auch zum Berliner Hoflieferanten Bechstein. Diese Firma, 1853 gegründet, hatte bereits viele Flügel hergestellt und immer wieder gemäß eines von Huschke so genannten „deal[s]" Liszt einen nach Weimar gebracht, denselben nach ein paar Jahren wieder abgeholt, dann als von Liszt gespielten teuer, wohlgemerkt, weiterverkauft, um ihm einen neu gebauten zu leihen … der im Liszt-Haus befindliche sei der vierte „Liszt-Flügel", der ihm gar nicht gehörte. Wie aber durfte er ein Bleiberecht dort bekommen?

*„Im Zusammenhang mit Franz Liszts Tod und der Musealisierung des Hauses hat Großherzog Carl Alexander keine Zeit verstreichen lassen und sogleich bei Bechstein angefragt, ob die Firma den Liszt-Flügel als letzten authentisch vom Meister gespielten spenden würde für das künftige Museum … und die Firma willigte ein. Der Flügel ist klanglich sehr gut, aber schwer zu*

*spielen", sagt Wolfram Huschke. „Und ihn einerseits einstmals in das Haus hereinzubringen, ihn dann wieder herauszubringen für die Restaurierung in den 1990er Jahren, war ein Meisterstück: Auch beim ersten Einbringen vermutet man ein Hochhieven durch das Fenster des Esszimmers, so wurde es jedenfalls in den 1990er Jahren beim Restaurierungsprozess bewerkstelligt, inklusive Absperren der Marienstraße für den Autoverkehr auf einer Seite."*

Der Bechsteinflügel, dessen hohe Lagen besonders gut und „romantisch" weich klingen, ist auf jeden Fall Liszts berühmtestes Klavier.

## 11
## Der schönste Ausblick auf Weimar: die Terrasse des Goethe- und Schiller-Archivs

Dr. Bernhard Fischer, der frühere Direktor des Goethe- und Schiller-Archivs, liebt den Blick über Weimar von der Terrasse des Archivs, betont aber, dass er sich noch spektakulärer und kompletter aus der Beletage des Gebäudes darbiete. Von dort sehe man auch das Nietzsche-Archiv und den Turm der Gedenkstätte Buchenwald. Insofern ist man von hier aus sowohl im historischen wie im fast zeitgenössischen Weimar eingebunden. Und man kann den Blick auch einfach nur genießen, mit der Ilm unter sich und einigen Spaziergängern mit ihren Hunden.

Jeder ist hier eingeladen, die tagsüber offenen Tore mit der repräsentativen, von Rotdornneupflanzungen (Rotdorne waren hier nach der Erbauung gepflanzt worden) gesäumten Auffahrt zu durchschreiten und den Ausblick zu genießen, auf die Stadt, das Schloss, die Stadtkirche, die Jakobskirche und den leider störenden „Langen Jakob" aus den 1960er Jahren, das damals moderne neue Studentenheim.

Der Platz war sicher einst eine Streuobstwiese, und die Zuwegung gab es schon, denn die nahe Altenburg besaß diese bereits. Wahrscheinlich gehörte das Gelände sogar noch zum herzoglichen Besitz oder konnte günstig erworben werden. Quasi ein Rundumblick ist möglich von hier aus.

Die Besonderheit des Goethe- und Schiller-Archivs (GSA) besteht darin, dass es das erste institutionell gebaute Literaturarchiv in Deutschland war, anders als etwa das Gleimhaus in Halberstadt. Aufbewahrung, Erschließung samt Editionen sowie Ausstellungen spielten von Beginn

an die wesentliche Rolle. Das nach dem Vorbild des Petit Trianon in Versailles, gleichwohl wesentlich breiter erbaute Gebäude aus wertigen Sandsteinen und Travertinen ist kein Prunkbau, sondern ein ehrliches, solides Gebäude. Doch lange versprach es mehr Trutzigkeit und Sicherheit für die kostbaren Inhalte, als es wirklich bot. Die Sanierung in den Jahren 2009/11, als das Dach aufgerüstet sowie Keller und Bürospange neu als eine Schublade unter der Terrasse hinzugefügt wurden, war im Wesentlichen dieser Sicherung geschuldet, denn bislang hatte man alle Archivalien im Obergeschoss ohne Klimatisierung im Handschriftenraum aufbewahrt. Durch diese Sanierung wurden zudem neue Büroräume geschaffen, sodass Mitarbeiter, die bis dato in der Herzogin Anna Amalia Bibliothek saßen, im Stammhaus ihrer Tätigkeit Arbeitsplätze bekamen.

Natürlich empfängt das Archiv alle Vorbeikommenden nicht nur auf der Terrasse, sondern lädt mit offenen Armen Besucher seiner Ausstellungen, seiner Vorträge ein, und die Forscher sowieso, betont Bernhard Fischer. Nicht nur Goethe, Schiller, Nietzsche und Liszt liegen hier mit ihren Nachlässen, sondern noch viele, viele andere. Die Digitalisierung ist zwar weit fortgeschritten, sodass auch am heimischen Computer eine Originalhandschrift eingesehen werden kann, doch bei der Fülle des Materials bleibt diese Möglichkeit wahrscheinlich auch in Zukunft nur den Kernbeständen vorbehalten, und jene, die ein sehr spezielles Forschungsziel haben, müssen sich nach wie vor selbst an Ort und Stelle begeben. Was kein Schaden ist, denn derartig schöne Arbeitsplätze wie im Inneren des GSA gibt es wohl selten in deutschen Archiven, bestätige ich meinem Gesprächspartner am Ende des Gesprächs bei strahlender Sonne auf dieser herrlichen Terrasse.

12

# Der anmutigste Platz der Stadt, der Kegelplatz, mit dem Albert-Schweitzer-Denkmal und der Albert-Schweitzer-Gedenkstätte im Musäushaus

Der Name „Kegelplatz" bezieht sich vermutlich auf die Begrenzung des östlichen Stadttors durch „Kegel", also Palisaden. Die nördliche und westliche Platzseite nimmt eine Bebauung aus dem 18. und 19. Jahrhundert ein. Ein Rasenplatz, auf den Bebauungsseiten gesäumt von neun Wildapfelbäumen, und schließlich das weltweit erste Denkmal zu Ehren des Arztes, Philosophen, Theologen und Musikers Albert Schweitzer (1875–1965) von Gerhard Geyer aus Halle in Bronze ergänzen seit 1968 diesen klassizistischen Platz, der noch dazu inmitten eines alten Weimarer Gebäudeensembles, unweit des Residenzschlosses und des ehemaligen Marstalls (Thüringer Landesarchiv) an der Kegelbrücke über die Ilm, wunderbar eingebettet ist.

Ein Albert-Schweitzer-Denkmal in Weimar? Das wirft gleich die erste Frage auf: Dass Albert Schweitzer in der DDR ebenso beliebt war wie in der Bundesrepublik, war mir gar nicht klar; dass es zwischen 1963 und 1990 sowohl in der Oberlausitz als auch in Dresden und Berlin Albert-Schweitzer-Freundeskrei-

se gab, angedockt am Deutschen Roten Kreuz der DDR, ebenso wenig; dass zahlreiche Schulen, Kollektive, Kindergärten etc. den Ehrennamen „Albert Schweitzer" aufgrund ihrer humanitären Einstellung verliehen bekamen, noch weniger; dass Albert Schweitzers Liebe zu Bach und Goethe unweigerlich Weimar ins Spiel brachte, als es um den Ort des Denkmals für den Urwalddoktor und Menschenfreund ging, erst recht nicht. Dies alles erfahre ich erst bei meinem Besuch im Musäus-Haus, heute Albert-Schweitzer-Gedenk- und Begegnungsstätte am Kegelplatz.

Das ehemalige Wohnhaus des Weimarer Pagenerziehers und Gymnasialprofessors Johann Karl August Musäus (1735–1787), der mit seinen *Volksmärchen der Deutschen* das deutsche Kunstmärchen begründet hat, ist ein spätbarockes Wohnhaus von 1754. Im 19. Jahrhundert erlebte das Gebäude einen kleineren Umbau, 1982–84 wurde es grundlegend instand gesetzt, um daraufhin bis heute die Albert-Schweitzer-Gedenkstätte aufzunehmen.

Das Haus ist von großem Ebenmaß und weist auch im Inneren zahlreiche bauzeitliche Ausstattungselemente auf: Fein stuckierte Decken, Dielenfußböden, Ofennischen, barocke Feldertüren mit verzierten Füllungen in geohrten Rahmen, Bleiverglasungen, den (heute) überdachten Innenhof mit Brunnen, den Laubengang ... kurz, das Haus verströmt den Geist des 18. Jahrhunderts, den einer behaglichen Bürgerlichkeit. Im Durchgang des Hausflurs finden sich mehrere später eingebrachte Wandgemälde, die Parklandschaften zeigen, vom Hofdekorationsmaler Otto Wehner aus der Zeit um 1890.

Und neben der Funktion der Gedenk- und Begegnungsstätte für Albert Schweitzer ist das Haus auch als Übernachtungsmöglichkeit mit Selbstversorgung in insgesamt drei Zimmern im zweiten Obergeschoss eine interessante Destination für Gäste, die sich wohl in der Atmosphäre eines alten Hauses fühlen. Daneben gibt es noch einen Vortragsraum, für 30 bis 35 Personen ausgelegt, der zudem gemeinsam mit Innenhof und Küche etwa für private Feste gemietet werden kann.

Es gilt an dieser Stelle noch, den Erwerb des von der Stadt Weimar zum Verkauf angebotenen Musäus-Hauses durch den nach der Denkmalerrichtung auch in Weimar existierenden Albert-Schweitzer-Freundeskreis zu erklären: Dass man es quasi als Fügung ansah, in unmittelbarer Nähe zum Denkmal nun einen Ort des Gedenkens für Albert Schweitzer einrichten zu können, ergibt sich von selbst. Ebenso wunderbar erscheint es, dass das Haus zwar nach der Wende zunächst von der Treuhand übernommen, aber von dieser wenig später dem Verein zurückgegeben wurde. Dieser zählt heute 132 Mitglieder und gehört zu jenen Vereinen, die bislang keine gesamtdeutsche Vereinigung vollzogen haben. Es gibt also nach wie vor einen westdeutschen Albert-Schweitzer-Freundeskreis (in Frankfurt am Main) und das Albert-Schweitzer-Komitee Weimar. Beide Vereine sind Mitglieder der Internationalen Albert-Schweitzer-Gesellschaft.

Trotz aller Begeisterung, Tatkraft und Kenntnis ihrer Leiterin, Gesina Malisius, gibt es anhaltend zu wenige Besucher dieser interessanten Gedenkstätte, in der in vier Räumen des ersten Obergeschosses die Biografie Schweitzers, sein Leben in Lambarene, die geistigen Einflüsse, die auf ihn wirkten, und weitere wissenswerte Fakten rund um sein Leben und Werk aufgeblättert werden.

Weitere Informationen erhalten Interessierte auf der Website des Albert-Schweitzer-Komitees Weimar.

## 13
## Der Marstall

„Marstall", ein Wort aus der Zeit der Fürsten in Deutschland, bezeichnet den für deren Fortkommen nötigen Stall mit dem Bestand von Reit-, Kutsch- und Transportpferden, immer in der Nähe des Schlosses, zu dem er gehörte, denn Fortbewegung ist zu Zeiten der deutschen Kleinstaaterei gerade auch ein Privileg des Adels. Und schon hört man im Ohr das Klappern von Hufen, das Wiehern von Pferden, man riecht den Pferdestall, nur einen Steinwurf vom Schloss entfernt ...

Zwischen 1815 und 1822 erfolgte nach Plänen von Clemens Wenzeslaus Coudray und Carl Friedrich Steiner die Errichtung von Teilen des heutigen großen Gebäudekomplexes des Marstalls, Nordflügel und nördlicher Teil des Westflügels. Zwischen 1873 und 1878 verlängerte Ferdinand Streichhan den Westflügel nach Süden und baute den Südflügel. Ein Ostflügel wurde nicht realisiert. Ende des 19. Jahrhunderts (1899/1900)

entstand im Innenhof des Marstalls eine Reithalle. Die Stahlfachwerkkonstruktion ist heute der helle große Lesesaal der jetzigen Gebäudenutzung als Landesarchiv Thüringen – Hauptstaatsarchiv Weimar.

Für Dr. Bernhard Post, den früheren Leiter des Archivs, ist diese ehemalige Reithalle neben seinem Büro im ersten Obergeschoss, von dem aus man den besten Blick auf den Burgplatz hat, klarerweise ein Lieblingsort. Das Gebäude, das auch aufgrund seiner vielfältigen Umwidmungen in verschiedenen historischen Zeitschichten beeindruckt, sollte in der Zeit nach Abdankung des letzten sachsen-weimarischen Großherzogs Wilhelm Ernst 1919 bald der Pferde ledig werden: Die ehemaligen Ställe wurden zu Büros umgebaut, die von den Ministerien der Landesregierung genutzt wurden.

In der Zeit des Nationalsozialismus dann, ab 1936, wurde der Ort neu kodiert: Die Gestapo nutzte Teile des Gebäudes, im Keller einer Remise von 1875 etwa wurden Gefängniszellen eingerichtet. Zwar ging es in diesem Weimarer Gebäude jetzt immer noch um Transport, aber leider keinen friedlichen, sondern die klandestine Vorbereitung der jüdischen Bevölkerung Thüringens zum Transport in die Vernichtungslager im Osten.

Nach Ende des Zweiten Weltkriegs erfolgte ebenso übergangslos die Nutzung der Gestapo-Diensträume durch den sowjetischen Geheimdienst.

Ab 1951 dann begann die Zeit der neuen Funktion des Gebäudes als thüringisches Hauptstaatsarchiv Weimar, als wäre die zu starke Aktionsorientierung, die das Gebäude so lange wahrnahm, nur auszulöschen, indem man es von jetzt an mit der Aufbewahrung und Reflexion seiner und der überhaupt im thüringischen Staat angesiedelten Geschichte betraute.

Eine grundständige Sanierung und Erweiterung durch ein Tiefmagazin von 1995 bis 2003 (nach der Wende war eine ungeheure Menge an

Akten aus der DDR-Zeit hinzugekommen) machten es notwendig, die Reithalle, die Holzbaracke von 1938 und die Remise von 1875 abzureißen (letztere beide denkmalgeschützt). Hier gelang es, zwei zeitgenössische Künstler, Horst Hoheisel und Andreas Knitz, zu gewinnen, die ein innovatives Projekt umsetzten, mit dem sie eine aktive Auseinandersetzung mit der wechselvollen Geschichte des historisch vielfach kodierten Ortes provozieren wollten: Ende 1997 wurden die Gebäude zunächst in einer öffentlichen Kunstperformance zermahlen. Das Material konnte während der gesamten Bauzeit vor dem Marstallgebäude in zwei Containern (Form und Farbe wie Archivschachteln) zwischengelagert werden. Die Container trugen Fotos der Baracke bzw. des Gefängnisses und eine von den Archivdirektoren beschriftete Inhaltsangabe: „Zermahlene Geschichte 1936–1997 [Baracke] und 1875–1997 [Gefängnis]". Ende 2002 wurde dann der Bauschutt, alias die „Zermahlene Geschichte", auf die Grundrisse der ehemaligen Gestapo-Gebäude als begehbare Skulptur aufgeschüttet.

Zuvor, als immer noch ein Reitsportverein hier tätig war und der Dung der Tiere den charakteristischen Duft ausströmte, wurde der Ort auch während des Kunstfests im Sommer als Veranstaltungsort genutzt. Anlässlich der Proben zu einem Stück über Sophie Scholl kam es zu einem denkwürdigen anekdotischen Ereignis, das für Dr. Post ebenfalls eng mit dem Marstall verknüpft ist: Ein Wachmann hörte am Abend bei seinem Rundgang plötzlich laut und vernehmlich eine junge Frau aus der Reithalle schreien: „Lasst mich hier raus. Ich will hier drin nicht sterben!" Beherzt schloss er die Reithalle auf und hatte damit – die Generalprobe unterbrochen. Die Schauspielerin der Sophie Scholl hatte diese Sätze in ihrer Rolle zu schreien ... und das hatte sie offenbar sehr realistisch vermocht. Von den Theaterleuten wurde der wachsame Wachmann getadelt, von Dr. Post hingegen sehr gelobt.

Auf die Frage nach den interessantesten Beständen fallen (neben den amtlichen Schriften Goethes) seitens Post zwei Begriffe, die Weimar vielleicht neben dem Begriff „Goethe" nicht besser charakterisieren können: „Bauhaus" und „Buchenwald", also zwei große Konvolute, die einerseits wieder die Humanität, den Willen des Menschen nach Formung und Schönheit ausdrücken, andererseits das absolute Gegenteil, seine Menschenverachtung und seinen Zerstörungswillen.

Das großzügige, aber dennoch schlichte Gebäude des Marstalles strahlt eine vornehme Würde aus. Großherzog Carl Alexander als erster Bauherr hatte den Architekten zwei Vorbilder genannt: Die Pavillons sollten denen des Palazzo Farnese in Rom nachempfunden werden, die Zwischenbauten den Prokuratien in Venedig. Und genau das ist der ästhetische Eindruck, der sich einstellt. Der Marstall ist ein Schloss dem Schloss gegenüber, er ist heute das Gedächtnis nicht des Herzogtums (die Bestände aus der Zeit des Herzog- und Großherzogtums lagern in dem ebenfalls schlossartig anmutenden Archivgebäude am Beethovenplatz), sondern der Zeit der Weimarer Republik, der nationalsozialistischen Zeit, der DDR-Zeit und unserer Zeit des vereinigten Deutschlands ab 1990 … neben der „Zermahlenen Geschichte", oder besser unter ihr, im Tiefmagazin, ruht die wohlverwahrte, für Studien offene Geschichte, wie die Akten sie wiedergeben, darunter auch die Bauakten zu allen Gebäuden Weimars …

## 14
## Die Dichterzimmer im Weimarer Schloss

Zwei Jahre nach Goethes Tod, 1834, begann Großherzogin Maria Pawlowna – die geborene Großfürstin von Russland, die 1804 als Braut des Thronfolgers von Sachsen-Weimar und Eisenach, Carl Friedrich, hier eintraf – die Planung zu den vier Dichterzimmern im Residenzschloss, die auch während der Schlosssanierung öffentlich in Führungen erlebbar sind (sowie per virtuellem Rundgang). Was damals entstand, ist eine frühe Visualisierung der Werke von Goethe, Schiller, Wieland und Herder, der großen Weimarer Vier. Dies alles zu einem Zeitpunkt, als das Goethehaus noch durch die Familie Goethes bewohnt war, das Schillerhaus an andere Menschen verkauft und es erst recht keine Wieland- oder Herdergedenkstätte gab. Gleichwohl pilgerten bereits Literaturfreunde aus Deutschland und darüber hinaus nach Weimar, auf der Suche nach Spuren jener großen klassischen Epoche der Literatur …

Zunächst wollte Maria Pawlowna eigentlich nur dem Einen huldigen durch einen Gedenkraum im Schloss. Demjenigen, dem sie so viel an Wissen, an Austausch über gemeinsam sie interessierende Themen wie Kunst, Musik, Literatur und die Volksbildung, auch an Zuwendung verdankte, Goethe, den sie in seinen letzten Jahren wöchentlich einmal ausgiebig besucht hatte. Eine Goethegalerie sollte entstehen. Die Pläne dazu erbat sie von dem damals berühmtesten deutschen Architekten, Friedrich Schinkel, die Goethegalerie wurde eines seiner letzten Werke.

Schinkel entwarf ein architektonisches Gesamtkonzept der Wandgestaltung, in das ausgewählte Antikendarstellungen aus Goethes Werken eingefügt werden sollten. Und Maria Pawlowna entschied mit, welche Werke da ins Bild gesetzt wurden: *Prometheus* und *Urworte. Orphisch, Wanderers Sturmlied, Meine Göttin, Ganymed* und natürlich der *Faust*. Friedrich Preller und Carl Hütter, die zur Ausführung vorgesehen waren, mussten zuvor in München die antike Technik der Enkaustik erlernen, denn immerhin sollte der Raum anschaulich Goethes Beziehung zur Antike verdeutlichen.

1835 plante die Großherzogin dann bereits die Ausstattung eines Schillerzimmers, wenngleich Schillers Werke in puncto Antike wenig hergeben. Hier sollten es stattdessen eher Historienbilder sein. Die Wahl fiel in diesem Fall auf den Künstler Bernhard Neher, einen Schüler von Peter Cornelius. Folgende Fresken wurden vereinbart: eine Szene aus dem *Fiesco,* eine Szene aus *Don Carlos,* eine aus *Wallenstein,* eine aus *Maria Stuart,* eine aus *Wilhelm Tell* und eine aus der *Jungfrau von Orleans*. Es kamen kleinere andere Werke, etwa Schillers Balladen *(Die Glocke),* hinzu. Eine Schillerbüste vervollständigte die Ausstattung.

Südlich der Goethegalerie erwartet den Besucher das Wielandzimmer, das kleinste der Dichterzimmer. Hier wurde erneut Preller eingesetzt, fünf Szenen aus dem *Oberon* zu gestalten sowie weitere aus Wielands Märchen, so dem *Wintermärchen,* angelehnt an eine Geschichte aus *Tausend und eine Nacht*.

Auch das Herderzimmer war bereits von Anfang an mitgedacht worden, allein der passende Ort war nicht gleich gefunden. Letztlich kam nur ein Verbindungsraum zwischen Treppenhaus und

Conseilzimmer in Frage. Erst 1842 fanden erste Arbeiten statt, vor allem erhob sich die Frage, welche Werke Herders ins Bild übersetzt werden sollten, war er doch nicht in erster Linie Dichter, sondern genauso gut Philosoph und Theologe ... auch fragte man sich, wie Theorien in Bilder umzusetzen wären. Der „Kunstdezernent" Weimars der damaligen Zeit, Adolf Schöll, kam schließlich auf die kluge Idee, Herders zentralen Entwicklungsgedanken, die allgemeine Geschichte betreffend, und die Fortschritte im Bereich der Dichtkunst zu illustrieren. So kann man im Herderzimmer bei der Betrachtung und Reflexion der Bilder einen humanitär-religiösen Weg der Menschheit von den Weisen des alten Orients bis zu Herder selbst und seinem Ideal des aufgeklärten Protestantismus beschreiten. Herder war im Übrigen der einzige der großen Weimarer Vier, den die Auftraggeberin der Dichterzimmer, Maria Pawlowna, nicht mehr selbst hatte kennenlernen können, er war Ende 1803 gestorben.

Ich liebe die Dichterzimmer besonders, weil sie vermitteln, dass eine gebildete, kluge Herrscherin ein ganz besonders enges Verhältnis zu Dichtern und Denkern (ja, vor allem zu Goethe ...) hatte, dass sie auf deren Arbeit in gewisser Weise sogar angewiesen war und dass sie ihnen daher öffentlich zugängliche Erinnerungsorte stiften wollte, da sie der Meinung war, auch andere Menschen sollten sich an diesen Orten „heraufbilden" können.

15

# Das Traditionscafé „Resi" am Grünen Markt und Goethes zweite Wohnung am Burgplatz

Man hat es hier mit zwei Gebäuden zu tun, die aus zwei Zeitschichten stammen, aber eine Gemeinsamkeit besitzen: Sie hängen beide mit Goethe zusammen, genau gesagt seiner zweiten Wohnung in der Stadt,[9] nachdem er beschlossen hatte, hier zu bleiben – immerhin schon zwei Monate nach seinem Eintreffen im November 1775.

Das Haus am Burgplatz ist das wesentlich ältere. Es wurde um 1600 als dreigeschossiges Renaissance-Steingebäude erbaut. Goethe wohnte hier ab dem 24. Juni 1776. Heute hat der Kunstverein ACC das Gebäude samt dem ihm zugeordneten Café im Besitz, und so kann jeder, der möchte, die frühe Goethe-Wohnung im ersten Obergeschoss anschauen: Zwei große Zimmer, drei Kammern, eine Küche, einen verschlossenen „Vorsaal" und die Galerie (Flur) sowie Keller und Holzstall umfasste dieses Domizil, insgesamt vier Fensterpaare erkennt man von außen. Wenngleich die moderne Kunst des ACC zumeist nichts mit der Goethezeit verbindet, haben wir doch die Anmutung der Raumstruktur, das Knarren der Holzdielen und die Fensternischen mit eingestellten Pfeilern ... und unsere Fantasie, die uns in das späte 18. Jahrhundert versetzen können.

Das Gebäude des Residenzcafés oder „Resi" um die Ecke am Grünen Markt wurde erst nach Goethes Tod, 1839, errichtet. Es verfügt über ein ursprünglich einem älteren Haus zugeordnetes Hinterzimmer, das man als Séparée für eine Gesellschaft reservieren kann, und dieses wird „Goethezimmer" genannt. Es ist tatsächlich auch ein authentischer Goetheort, denn das Gebäude des Cafés, das man über einige Stufen erreicht, entspricht mit seinem Erdgeschoss dem angrenzenden ersten Obergeschoss, also dem Bereich Goethes. Diesem Raum in Goethes Wohnung war zur Zeit seines Wohnens dort keine bestimmte Nutzung zugeordnet, wahrscheinlich war es jedoch

kein Wohnzimmer. Neben dem Goethehaus am Frauenplan und dem Gartenhaus ist dieses Quartier die einzig erhaltene Wohnung Goethes in Weimar. Wie sie ausgestattet war, wissen wir leider nicht; nur, dass Herzog Carl August den Dichter, Freund und Mitarbeiter mit einer Anzahl von Möbeln, die er für ihn anfertigen ließ, nach der gemeinsamen Frühjahrsreise durch das Herzogtum überraschte.

Sowohl das Café im ACC wie das „Resi" haben für Gäste und Einheimische gute Tagesgerichte, auch Kuchen und Getränke zu bieten, kleine und größere Stärkungen auf dem Weg durch die Stadt oder durch die Arbeit, und beide verfügen über einen angenehmen Außenbereich zum Sitzen.

## 16
## Die Herzogin Anna Amalia Bibliothek mit Rokokosaal, Bibliotheksturm und Zeitunglesen im Bücherkubus

Kein Ort in Weimar ist im allgemeinen Bewusstsein so verankert wie die „Anna". So nennen die Weimarer diese wunderbare extrauniversitäre Forschungs- und Archivbibliothek liebevoll vereinnahmend und verkürzend. Kein Ort wird insbesondere seit ihrem Brand im September 2004 so geschätzt und geliebt, damals, als der Schatz, der da verloren zu gehen drohte, erst so eigentlich wahrgenommen wurde als solcher. Wie groß war die Spendenbereitschaft, um den Wiederaufbau und die Restaurierung der 60 000 durch den Brand geschädigten Bücher bis hin zu den so genannten „Aschebüchern" zu finanzieren, wie immens die unmittelbare Solidarität der Bürger vor Ort, die sich in die Menschenkette einreihten, um die Evakuierung der Bücher, zunächst per Einschlagen in Folien, zu bewerkstelligen. Es waren Heldengeschichten, die da über die Bildschirme flackerten: Der Bibliotheksdirektor Dr. Michael Knoche rettet die Lutherbibel von 1534, der Stiftungspräsident Hellmut

Seemann gibt das Wiedereröffnungsdatum mit dem 24. Oktober 2007 bekannt, dem Geburtstag Herzogin Anna Amalias im Jahr der 200. Wiederkehr ihres Sterbetages.

Die Eröffnung des Studienzentrums 2005 erfolgt pünktlich, als erstes Zeichen der Hoffnung. Alle Termine konnten eingehalten werden, trotz eines extrem komplexen und sehr großen Teams von Gewerken beim Wiederaufbau, in Zusammenarbeit mit Denkmalpflegern, Zuwendungsgebern und, und, und ... eine herkulische Leistung des Architekten Walther Grunwald (Berlin) und aller Beteiligten. Selten, wenn öffentlich gebaut wird, ergibt sich solch ein Gleichklang der empathisch geführten Bestrebungen, wie es hier war.

Zudem herrscht hier seit 2007 ein wachsendes Interesse am musealen Ort seitens der Gäste Weimars, und bereits seit 2005 kehrte die Routine einer nun sehr komfortablen Nutzungsatmosphäre samt ständig optimierter Forschungsmöglichkeiten für die Geisteswissenschaftler aus Deutschland und aller Welt und die forschenden Mitarbeiter der Klassik Stiftung Weimar zurück. Drei Juwelen in diesem Ensemble möchte ich vorstellen, denn sie sind bzw. wären das mit Sicherheit auch für die Besucher; zunächst den Rokokosaal:

1760 kam bei Herzogin Anna Amalia, die kurze Jahre zuvor Witwe geworden war und in obervormundschaftlicher Regierung für ihre unmündigen Söhne das kleine Fürstentum Sachsen-Weimar regierte, der Wunsch auf, die bislang im herzoglichen Schloss in drei Zimmern aufbewahrten Bücher in ein eigenes Gebäude zu transferieren, nicht zuletzt, um die gewünschte öffentliche Nutzung der Bibliothek zu begünstigen, denn der Erwerb von Wissen war für sie ein Gut, das allen Bürgern zuteil werden sollte. Ein ansprechendes Bibliotheksgebäude würde auch dem Prestige ihres Herzogtums dienen. Dieses Gebäude gab es als Außenhaut in Gestalt des kleinen Grünen Schlösschens in Sichtweite des Residenzschlosses, das als Waffenkammer oder Aufbewahrungsstätte gedient hatte.

Allein, dieses Schlösschen war sehr altmodisch, befand die Herzogin, und sollte daher im damals modischen Rokokostil umgebaut werden. Hier wirkte sie ganz selbstbewusst mit, hatte sich, ungewöhnlich genug für eine Frau damals, die Entscheidung für den richtigen Entwurf selbst vorbehalten. Die Idee, einen Schausaal einzurichten, der über mehrere Geschosse gehen sollte (ein Parterre im ersten Geschoss und zwei Galerien darüber), ein Haus im Haus zu bauen, eine hohe hölzerne Schachtel im Steingebäude, wurde zur leitenden Idee. Ihre Form sollte, denn eine solche verdeutlichte Pathos oder Feierlichkeit, eine Rotunde oder ein Oval sein. Anna Amalia kannte und liebte den Rundbau der Wolfenbütteler Bibliothek. In Weimar wurde es das Oval, erinnernd an sakrale Räume, protestantische Hallenkirchen. Damals stand das Grüne Schlösschen ganz frei, der ehemalige Stadtturm war noch nicht durch den Anbau von Gentz und Goethe integriert, und den Anbau im Norden von 1849 durch Coudray gab es ebenfalls noch nicht. Damals gestaltete sich auch der Raumeindruck ganz anders, da auf beiden Seiten, im Norden und im Süden, Fenster Licht in das Gebäude ließen, und das war zu dieser Zeit das entscheidende Wort: Licht war reflexartig gleichbedeutend mit „Erhellung“, „Aufklärung“, „Wissenserweiterung“.

Natürlich musste man sparen. Alle Materialien, die das Rokoko so liebte, Gold, Marmor, Kristallglas findet man hier nicht, nur gestrichenes Holz, die kostensparende Verzierung der Stuckornamente wurde mit Schlagmetall „vergoldet“. Dennoch ist hier ein Raumgefüge größter Würde und Schönheit entstanden, ein glaubwürdiger Tempel der Bildung. Das Regalsystem, das auch den letzten Winkel ausnutzen wollte, ließ es gleichwohl zu, dass zudem Gemälde und Büsten hier Aufstellung fanden, und so ergibt sich ein Kosmos von Persönlichkeiten, die zu Zeiten Anna Amalias Weimar bevölkerten, oder, falls es sich um Abwesende und Verstorbene handelte, zumindest geistig belebten. Als 1774 das Residenzschloss brannte, waren die Bücher schon längst vom Schloss aus in den Rokokosaal gewandert und somit gerettet, anders als 2004 ...

Leider ist der trutzige Turm, der im Zuge des von Goethe gemeinsam mit dem Berliner Architekten Heinrich Gentz 1805 als Ergänzung des Bibliotheksgebäudes geplanten und errichteten südlichen Anbaus auch Teil des Ensembles wurde, nicht für allgemeine Besichtigungen zugänglich. Umso wichtiger ist es – der Turm wäre mein zweites Juwel –, seine Bedeutung und Anmutung zu präsentieren:

Als Stadtturm längst nicht mehr genutzt, war er dennoch ein günstiges Aufbewahrungsmagazin für zahlreiche Dinge, die dem Herzog am Herzen lagen, seiner Münz- und Medaillensammlung, seiner Militaria (insgesamt 5000 Werke militärwissenschaftlichen Inhalts!), seiner Globen und Karten. Heute sind es auch großformatige Stichwerke, die dort aufgestellt sind. Seit der Restaurierung 2006/07 ist die ursprüngliche Aufstellung von Büchern und Objekten der privaten Bibliothek Herzog Carl Augusts wieder nachvollziehbar.

Beeindruckend ist die aus einem einzigen, 12 Meter hohen Eichenstamm bestehende Treppenspindel, die dreieinhalb Mal um eine hohle „Seele" gewendelt ist. Sie stammt aus der Osterburg in Weida, der Burg mit dem höchsten Bergfried in ganz Deutschland. Und der Ausbau derselben am 28. August 1818 erfolgte unter Aufsicht von Goethes Sohn August, der damals im Dienst des Fürstentums stand und den Auftrag vom Weimarer Baurat Steiner erhalten hatte. Der Einbau in Weimar hatte zur Folge, dass der alte Stadtturm durch eine Laterne[10] erhöht werden musste, denn eine Kürzung dieser Spindel von 1671 (wie sie selbst es ausweist) war wohl als unziemlich empfunden worden (und das wäre sie auch gewesen).

So, wie sich in Weimar öfter moderne Versionen historischer Elemente finden, gibt es im Goethe-Nationalmuseum eine „Dublette" jener

Spindel: eine beim Umbau 1999 eingebrachte moderne Treppe, ebenfalls mit Spindel, die ganz offensichtlich von jener im Bücherturm inspiriert wurde.

Auch den modernen Bücherkubus im Studienzentrum der Herzogin Anna Amalia Bibliothek gegenüber des historischen Bibliotheksgebäudes wird man, wenn man zunächst das „Original" betrachtet hat, mit ganz anderen Augen sehen, gewissermaßen als eine in die Moderne transferierte Neuinterpretation oder „Dublette" des Rokokosaals. Denn auch hier ist ein Kubus in ein altes Gebäudeensemble eingebracht worden und werden Regalreihen über insgesamt drei Galerien durchgeführt. Es gibt hier aber, anders als im Rokokosaal, helles Tageslicht, das durch die in Parzellen verglaste Decke eindringt. In dieses Kernstück des Studienzentrums, in dem an den Regalwänden Nachschlagewerke aus allen Wissensgebieten, Wörterbücher, Grundlagenliteratur und Zeitungen zur allgemeinen Nutzung auch außerhalb von speziellem Forschungsinteresse zur Verfügung stehen, kann jeder kommen, kann eine deutsche oder französische, englische, russische Tageszeitung lesen oder sich über ein nicht begriffenes Wort aus dem Spanischen oder irgendeiner anderen Sprache informieren. Und vieles mehr erfahren. Dabei kann man in sehr bequemen schwarzen Ledersesseln Platz nehmen und sich einfach wohl fühlen in einem durch hervorragende Architekten edel und gleichzeitig funktional geplanten Gebäude mit großer ästhetischer Anmutung. Dieses Studienzentrum ist das architektonische Werk von Karl-Heinz Schmitz und Hildegard Barz-Malfatti.

Der Kubus ist darüber hinaus Gastgeber zahlreicher unterschiedlicher Programme, von Vorträgen, Podiumsgesprächen, Kolloquien oder Ausstellungseröffnungen. Auch an seinen Außenseiten aus hellem Sichtbeton gibt es die Möglichkeit, Wechselausstellungen zu präsentieren, die natürlich immer etwas mit dem Kernthema, dem Buch, dem historischen, dem beschädigten Buch und seiner Historie, oder mit einem anderen bibliotheksrelevanten Thema zu tun haben.

## 17
## Der Markt

In meiner Kindheit gab es keine Märkte mehr, das Marktwesen, verbunden mit der Freude am Einkauf, blühte erst Ende der 1980er Jahre in den westdeutschen Großstädten wieder auf, vielleicht nachdem die Deutschen bei ihren Auslandsreisen erlebt hatten, wie großartig die Qualität und Frische der Produkte auf italienischen oder französischen und spanischen Märkten war. Als ich im Jahr 2002 mit meiner Familie in Weimar ansässig wurde, gab es ein blühendes Wochenmarktwesen auch hier, und darüber habe ich mich wirklich gefreut.

Und da ich dem Markt seitdem treu bin, wann immer es sich in meinen Tagesablauf einbauen lässt, muss ich dem durch ihn vermittelten Lebensgenuss in jedem Fall ein paar Sätze widmen, da es um Lieblingsorte geht. Auf dem Markt kaufen wir sehr gern Blumen bei Blumen-Stefan (Voigt), denn er hat so wunderbare Bauerngartenblumen, die er in allen Jahreszeiten aufs Geschmackvollste zusammenstellt. Rittersporn von diesem Stand oder Sonnenblumen am Sommerende, das ist schon etwas ganz Besonderes. Im Herbst dann auch Trockensträuße, Trockenkränze ... und dann gibt es auf dem Markt natürlich die beste Rostbratwurst Weimars. Aber an welchem Stand von den dreien dort, verrate ich natürlich nicht. Bitte selbst probieren!

Und jetzt zu drei Ständen, die meine größte Hochachtung haben, zunächst dem Gewürzwagen-Stand von Steffen Schunke (früher Frau Voigt aus Heldrungen, die Mutter von Blumen-Stefan):

Steffen Schunke war eigentlich Maurer, wollte sich aber, weil er im Winter meist keine Arbeit hatte, verändern und übernahm 2009 den Gewürzhandel samt Wagen von Frau Voigt, die in den Ruhestand

ging. Er verkauft mehr als 500 verschiedene Artikel auf kleinstem Raum, nicht nur Gewürze und Senfsaaten aus allen Kontinenten und in allen Ausführungen, sondern auch viele Honigsorten aus der Region und Teemischungen, die er teils in der Rezeptur von Frau Voigt übernommen hat, teils neu kreierte. Mit dem Thema „Gewürze und Kräuter“ hat er sich allmählich bekannt gemacht, insbesondere hat er sich sein Wissen angelesen. Entweder bezieht er Tees wie Pfefferminze oder Kamille aus Neideritz bei Altenburg, aus Gärtnereien oder über Großhändler. Selbst packt er sie in kleine Tüten ab und etikettiert. Als Besonderheit kann man bei ihm per Telefon oder Mail auch von auswärts Gewürze und Tees bestellen, er packt dann selbst das Postpaket.

Auf der Rückseite zu Steffen Schunkes Gewürzstand steht das hellblau-weiße Käsezelt von Gregor Seiffert, „Mongré“ genannt. Und der Käse ist nicht nur nach meinem Geschmack, sondern ebenfalls nach dem der vielen Kunden, die ihn privat oder als Restaurant bzw. Bistro von Herrn Seiffert beziehen. Dieser Käse ist „international“, sogar amerikanischer ist dabei, wenngleich der absolute Schwerpunkt auf den europäischen Käsereien liegt, die er mit seiner Frau Monika in einer halbjährigen Reise vor Jahren besucht hat. Im Geburtsjahr des ersten Kindes, 2014, hat Gregor Seiffert den Stand eröffnet, und von vornherein war er nur am Freitag und Samstag auf dem Markt. Denn: Einen ganzen Tag verbringt er wöchentlich mit den Bestellungen, und ein Hauptproblem war es zu Beginn, die Belieferung sicherzustellen.

Aber warum Käse? Seiffert ist studierter Politik-, Wirtschafts- und

Sozialwissenschaftler. „Tja, es war wohl eine Weinlaune", sagt er leicht lächelnd. Eine Freundin, die mit französischem Wein handelt, beklagte sich, dass ihre Freunde sie alle umlagerten, um jedes Mal bei Reisen nach Frankreich von ihr Käse mitgebracht zu bekommen. Sie sagte: „Das fehlt einfach in Weimar. Guter Käse aus Frankreich." Tja, und Gregor Seiffert, von seiner Frau immer sehr gut bekocht, erkannte hier auch einen definitiven Mangel und nahm sich der Sache an. Ein Sprung ins kalte Wasser. Nach der Fahrt durch Europa dauerte es nochmal ein Jahr, bis er es schaffte, zu eröffnen. Denn die Lebensmittelüberwachung ist streng in Deutschland, und seine Käse sind zu einem guten Teil Rohmilchprodukte und verlangen Kühlung. Das Kriterium für eine Aufnahme in sein Sortiment ist immer die Qualität: Nur handgemachte Käsespezialitäten dürfen es sein, absolute Naturprodukte. Und er hat das Käseverkaufen noch keinen einzigen Tag bereut: Ein Riesenspaß sei das, das Kommunikativste, was man sich denken kann.

Zuletzt sind in der Krise einige Restaurants als Kunden weggebrochen, haben schließen müssen oder ihre Produktpalette verkleinert, aber die Marktkundschaft bleibt, gerade jetzt, wo man es sicherer findet, an der frischen Luft einzukaufen …

Wie es sich bei einem guten Ehepaar gehört, ist der Stand von Monika Seiffert dem ihres Mannes benachbart. Und aufgrund der Produktpalette eines Obst- und Gemüsestands ist er gut dreimal so groß wie der von Gregor Seiffert. Auch Monika Seiffert ist ursprünglich keine Verkäuferin, sondern lediglich als Tochter der alteingesessenen Obst- und Gemüsestandbetreiberin Frau Hupel, deren Mann seinen privaten Anbau in Ulla nach wie vor mit großer Liebe und immer weniger Pflanzenschutzmitteln (maximal noch 5 %) beackert, von klein auf an das Zupacken und Mithelfen auf dem Markt gewöhnt gewesen. Von Haus aus ist sie Betriebswirtschaftlerin und unterrichtet an der Fachhochschule in Jena.

2017 hat sie den Stand von der Mutter übernommen und das ebenso wie ihr Mann noch keinen einzigen Tag lang bereut. „Balsam für die Seele", sagt sie sogar. Aber anders als ihre Eltern, die am und für den Markt an sieben Tagen pro Woche gearbeitet haben, ist Monika Seiffert, wie ihr Mann, nur an zwei Tagen, am Freitag und am Samstag, auf dem Markt: Denn sie unterrichtet weiter an der Fachhochschule und hat als Mutter von zwei Kindern außerdem noch viel zu Hause zu tun. Ja, es sei möglich, weniger zu arbeiten, aber sehr viel an Lebensfreude dadurch zu erhalten: Insbesondere sei es auch für sie wichtig, dass sie nur erstklassige Qualität anbietet, sehr stark auf regionale Produkte setzt, wenn es schon nicht aus dem privaten Anbau des Vaters kommt. Und nur im späten Herbst und im Winter muss sie auf Produkte von Großhändlern ausweichen. Ein gutes Konzept, findet sie und finden auch ihre Kunden, die sie schätzt und lobt: „99,9 % sind nett, wir haben maximal zwei ewige Quälgeister ..." Was den Markt darüber hinaus für sie als Betriebswirtschaftlerin auszeichnet, ist, dass der Warenumschlag komplett funktioniert: Alles wird verkauft. Und das Flair des Markts ist einfach toll. Sich dort zu treffen, ist für viele Weimarer ein Muss, denn es bietet eine Möglichkeit, sich auszutauschen, mit ihr als Verkäuferin und Beratender, aber ebenso mit anderen Kunden, die man bewusst oder zufällig trifft. Es sei eine bestimmte anspruchsvolle Kundschaft, die keine Verpackung wünscht, wo es möglich ist, die erst sehen möchte und dann kaufen, die auch gern über Essen kommuniziert: gebildete Menschen, die gutes Gemüse und Obst, knackigen Salat wertschätzen können und sich darüber freuen. Die dann in der nächsten Woche erzählen, was sie für wen gekocht haben mit den Rohstoffen. Und noch etwas möchte Monika Seiffert sagen: „Ich bin immer supergut drauf nach einem Markttag. Ich habe dann das Gefühl, dass ich sehr erfolgreich war und dass ich den Menschen neben dem Einkauf auch ein bisschen Lebensfreude schenken konnte."

## 18
## Besondere Läden

Die gesamte Weimarer Altstadt ist durchsetzt mit kleinen, feinen Läden, die mit den unterschiedlichsten Sortimenten aufwarten: In der Windischenstraße, der Geleitstraße, dem Eisfeld, der Rittergasse, am Herderplatz, in der Kauf- und der Marktstaße sowie am Frauenplan (siehe S. 10f.) findet der Spaziergänger selbstgefertigten Schmuck, handgetöpferte Keramik, fair gehandelte Biomode, Schuhläden für alle Ansprüche, Kinderkleidung, einen Musikalienfachhandel, eine wohlsortierte Buchhandlung (unverzichtbar!), einige Kunstgalerien und vieles mehr.

Eine kleine Auswahl von Läden habe ich im Folgenden genauer dargestellt, ohne dass ich andere deswegen nicht mag oder würdige. Der Platz auch eines Buchs ist beschränkt, und mein Ziel war die größtmögliche Vielfalt. Nicht zuletzt leitete mich mein persönlicher Geschmack, ergänzt durch Vorschläge von Constantin Beyer, meinem Partner und „Auge“ in diesem Projekt. Prüfen Sie selbst.

In der Rittergasse 1 trifft der Spaziergänger auf den wunderbaren Laden *Sinne und Seife* von Barbara Prax, den man zuvor schon an verschiedenen Standorten in der Altstadt fand. „Die Seifen sind zu mir gekommen“, sagt mir Barbara Prax bei meinem Besuch vor Ladenöffnung an diesem Herbstmorgen. „Auch der Laden ist zu mir gekommen.“

Sie sei nach der Wiedervereinigung Deutschlands arbeitslos gewesen und fragte sich lange Zeit, wie es wohl mit ihrem Leben weitergehen sollte. Da sei sie, 2002, noch einmal mit ihrem Mann auf einer Reise gewesen, in Pula in Kroatien, und habe in der mittelalterlichen Altstadt einen Seifenladen betreten, der ausschließlich Naturseifen verkaufte. Da sie selbst an Hautproblemen leidet, war sie für das Thema sensibilisiert und kaufte dort zahlreiche Seifen für ihren Bedarf ein. Aber darüber hinaus begann sie, nach Informationen zu suchen und gleichzeitig ihre familiäre und freundschaftliche Umgebung für das Thema zu interessieren, sodass sie bald Berge von Seifen bei sich hatte und vor allem wusste: Man kann sie selbst machen! Sie kam in das von ihr benannte „Seifenfieber“, wollte damit beginnen, Seifen selbst herzustellen, und es funktionierte.

Aber dann kamen die Hindernisse in Form der Gewerberichtlinien, es kamen die Verordnungen und Hygieneschutzbestimmungen, und sie lernte andere Seifenläden kennen, auch Seifensieder, fragte deren Expertisen ab und wurde nach und nach sicher, dass eine Seifenmanufaktur für sie zu teuer wäre. Gleichwohl waren ihre Experimente insofern zielführend, als sie jetzt klar die Werthaltigkeit bestimmter Seifen einzuschätzen wusste, ihre Bestandteile in einer Skala verorten lernte und von hier ausgehend die Manufakturen mit sicherem Blick auswählen konnte, die Seifen für ihren Laden abgeben würden. Immer trug sie die Begeisterung für das Produkt.

Als Erstes hatte Barbara Prax ein Reisegewerbe angemeldet, das war 2005: Mit den Seifen mehrerer kleiner Seifenmanufakturen ging sie auf Märkte, und das hat sie bis in die jüngste Vergangenheit noch betrieben. Eine Dresdner Seifensieder-Meisterin mit ihren Produkten war dabei die Stütze ihres Ausgangssortiments – und ist es bis heute.

In den vergangenen Jahren beobachtete sie, wie viele Seifensieder kamen und gingen. Heute sind es sieben bis zehn Manufakturen, von denen sie regelmäßig Seifen bezieht, in Weimar-Legefeld sitzt die räumlich nächste, in Erfurt eine weitere aus Thüringen, noch eine im nicht allzu fernen Dresden, aber dann sind wir auch schon im Schwarzwald, Allgäu und bei den österreichischen Schafmilchseifen …

Von Bio-Natur-Seifen mit Siegel bis zu Seifen mit Duftstoffen und Farbpigmenten kann sie jeden Kundenwunsch befriedigen, sagt Barbara Prax und ist darüber sehr glücklich. Sie wird auch kontinuierlich die Augen offen halten und alle Entwicklungen gründlich sondieren. Neben den Seifen und Badezusätzen gibt es bei ihr artverwandte Produkte wie Seifenschalen, Bade- und Handtücher, Accessoires fürs Bad oder auch Allgäuer Heilkräuterkerzen, die auf feinstofflicher Ebene wirken sollen und ihre Kräuterheilkräfte über das Licht verströmen.

Wenn Barbara Prax ihren Kundenstamm beschreibt, so bilden Weimarer und Auswärtige jeweils die Hälfte, schätzt sie. Und es gibt Weimar-Gäste, die jedes Jahr einmal, zwei- oder sogar dreimal kommen und geradezu rituell dann ihren Laden und zahlreiche weitere der Altstadt besuchen, Menschen, für die Einkaufen in Weimar so eine Art Geheimtipp ist.

Wie ist es, wenn man solch einen Laden ganz allein betreibt, wenn man vielleicht einmal krank ist, möchte ich wissen. Ja, so Barbara Prax, das will bedacht sein: „Es gibt zum einen eine Mitarbeiterin, zum anderen vertritt mich auch einmal mein Mann, der ansonsten eher im Hintergrund tätig ist, die Etiketten gestaltet und die Buchführung macht.“

In der Corona-Krise des Jahrs 2020 hat sie dann beschlossen, nicht mehr zusätzlich auf Märkten einen Stand anzubieten. Und sie wird damit auch nicht mehr anfangen, wenn alles vorbei ist. Im Laden hat sie seitdem – und zwar auch wegen der Pandemie – mehr Kunden: Seife ist natürlich *das* Produkt des Jahres, für den eigenen Gebrauch und zum Verschenken.

Barbara Prax hat sich außerdem mehr und mehr vom Plastik getrennt. Das ist eine konsequente Entwicklung. In der Tat gibt es hier im Laden kein Produkt, das in einer Plastikverpackung angeboten wird. Und wenn sie Seife, die vom Block abgeschnitten wird, einpackt, ist es jetzt eben das braune Packpapier, ist es der Bast, den sie um das kleine

Päckchen schlingt. Und sie bietet Haarwaschseife an, denn „wir müssen weg vom Plastikmüll."

Sie braucht nach wie vor Impulse von außen, die sie aufgreifen kann, den Kontakt zu neuen Seifensiedern, da auch immer wieder ihr vertraute Seifensieder aufgeben, aus Altersgründen oder anderen. Und eigentlich ist es eine Art Geheimhandwerk: Jeder Seifensieder hat sein kleines Geheimnis, das er hütet und eifersüchtig als Eigentum ansieht. Lediglich das Labor, das die eingereichten Seifen dann auf ihre Hautverträglichkeit testet, ist eine Instanz, die die Seifensieder anerkennen. Ein eigenwilliges kleines Völkchen eben ... und Barbara Prax vermittelt deren zauberhafte duftende Produkte an ihre durchweg nette Kundschaft.

Zu Annelies Pennewitz, ihrer Schirmmanufaktur mit Schirmmuseum in der Rittergasse 19, gehe ich gleich anschließend. Schon öfter zuvor habe ich mich gefreut, in dieses in allen Details Gediegenheit ausstrahlende Ladengeschäft einzutreten und etwas auszusuchen.

Seit 55 Jahren ist die Schirmmachermeisterin selbständig, doch sei es ein aussterbendes Handwerk, das sie noch betreibe, berichtet sie gleich zu Anfang unseres Gesprächs. Es sei nach der Wende aus der Handwerksrolle gestrichen worden und daher auch nicht mehr ausbildungsfähig. Früher, in ihrem ersten Geschäft in der Marktstraße, hatte sie sechs Beschäftigte. Heute macht sie alles allein: den Verkauf, die Reparaturen, die Anfertigungen, das kleine Museum im Obergeschoss erklären.

Neben den wirklich schön ausgewählten und dargebotenen Schirmen – wovon die selbst gefertigten Exemplare aus Jacquardstoffen mit Baumwollanteil (sie sind außen und innen unterschiedlich) nur ein kleiner Teil sind, denn es gibt viele andere große Schirmmarken hier – werden auch Lederwaren wie Portemonnaies und Handschuhe für Damen und Herren, zumeist italienische Ware, angeboten. Das passt gut zusammen und wird dementsprechend häufig zusammen nachgefragt. Das Interesse am schönen Schirm sei ungebrochen, der Preis spiele oft keine Rolle für die Kunden, sagt Annelies Pennewitz und erhält mehrere Anrufe zu Bestellungen von auswärtigen Kunden, während wir sprechen und sie elegante Handschuhe mit Chinchillafutter oder lustige

Wollhandschuhe mit bunten Punkten zeigt – die neue Kollektion. Die Kunden aus Nordrhein-Westfalen, die allerlei aussuchten, als ich eintraf, sind schon gegangen, aber die Touristen sind in normalen Jahren auch noch spät im Jahr, selbst im Dezember, gern in Weimar, und sie lieben auch den Laden von Annelies Pennewitz. Verständlicherweise.

Wer hier einen besonderen Schirm sucht, und sei es einen Sonnenschirm, wird mit Sicherheit fündig, und alles ist in einer Atmosphäre zurückhaltender Eleganz dargeboten, wozu die polierten Holzschränke ebenso beitragen wie die altmodische Ladenkasse. Wer sich für die Geschichte des Schirms interessiert, kann im Obergeschoss interessante Beispiele aus der Goethezeit und späteren Epochen anschauen: Elfenbeinerne Griffe oder Krücken, feinstens geschnitzt, mit Spitzenbesatz oder in Seide, und klappbare Schirmchen für den Pompadour. Aber auch die Tradition des Schirms in Asien scheint auf, jene des Schirms als Zeichen der Herrschaft, der Schirm, unter dem der Papst bei seinen großen öffentlichen Auftritten thronte und segnete, und sagt man nicht: Schutz und Schirm? Neben dem Nutzen, den Schirme bieten, sind sie einfach ästhetisch schöne Objekte, und sie herzustellen, erfordert die unterschiedlichsten Fertigkeiten, die unterschiedlichsten Materialien.

Ein paar Ecken weiter, in der Windischenstraße, hat Claudia Köcher ihren Laden *Die Zwillingsnadel.* Seit zehn Jahren ist sie selbständig. Gelernt hat sie bei einer Modistin und wollte ursprünglich Kostümbildnerin werden. Hüte hat sie immer schon geliebt, denn der Hut ist, so sagt sie, ein starkes Ausdrucksmittel, er könne einfach alles vermitteln, und auch in der Form des Kopfschmucks sei er schön. Wenn eine Frau maskulin erscheinen wolle, stünden ihr auch alle Männerhutformen zur Verfügung, von der Schiebermütze bis zum Zylinder. Der Hut, so Claudia Köcher, kann verdeutlichen, wie der Träger oder die Trägerin sich fühlt. Das Kleid, der Anzug dürfe ruhig schlicht oder billig sein – der schöne Hut vermag es, jedes Erscheinungsbild zu steigern.

Es kommen oftmals Kunden, die noch nie einen Hut getragen und sich spontan in ein Modell der Auslage verliebt haben. „Ich habe kein Hutgesicht"? Diese Aussage lässt Claudia Köcher überhaupt nicht gelten, es kommt einfach immer auf das Modell an, und vielfach ist der Kauf eines Huts zugleich der Beginn eines emanzipativen Durchbruchs. Vielfach entwickelt sie die Modelle mit den Kunden gemeinsam, etwa zum Anlass der Hochzeit. Hierbei helfen ihr auch ihre Ausbildung in Gestaltung und ihre Theatererfahrung: Im Grunde geht es um ein Gesamtkunstwerk, denn der Hut muss das gesamte Erscheinungsbild komplettieren, ja überhöhen.

Der Name „Zwillingsnadel", so erfahre ich, bezieht sich einerseits auf Claudia Köchers Sternzeichen sowie die Tatsache, dass es in der Generationenabfolge ihrer Familie immer wieder Zwillinge gab, und andererseits kommt die Zwillingsnadel auch real bei Nähmaschinen vor. Ja, die Sternzeichen – die letzte Kollektion war dem Thema „Astronomie" gewidmet, und überhaupt arbeitet sie immer parallel an unterschiedlichen Kollektionen (Stichwort: Zwilling!).

Was die Preise angeht, so kann man bei Claudia Köcher Haarspangen für 20 Euro erwerben, doch nach oben ist sozusagen luftiger Raum. Manche Hutmodelle kosten 1000 oder 1500 Euro, etwa der kleine Strohhut oder der Gauchohut mit handbesticktem Rand. Bei einfachen Mützen, den erwähnten Schiebermodellen, sind es sehr hochwertige Wollstoffe, die sie einsetzt, solche liegen bei ungefähr 200–240 Euro. Immerhin sind sie auf fünf Stück pro Dessin limitiert. Wenn sie nicht näht und wirkt und kordelt oder stickt, ist die Hutmacherin auf der Suche nach Stoffen. Sie möchte Langeweile vermeiden, niemals immer dasselbe machen.

Und die Kunden? Woher kommen sie, sind es Weimarer oder eher Auswärtige? Es ist die bunte Mischung, letztlich hat sie Kundschaft weltweit, sagt sie versonnen. In Weimar erfreulicherweise teils ganze Familien, die sich „wohl behütet" von ihr fühlen.

Ja, auch das Hutmacherhandwerk ist, wie so manches andere Sympathische, leider am Aussterben. Nachwuchs wird es kaum mehr geben – letztlich haben die Hutmacher ihre Berufsgeheimnisse immer gut „gehütet", und Claudia Köcher hat sich ebenfalls aus verschiedenen anderen Handwerken Kenntnisse geholt, etwa bei den Plumassiers, den Federschmuck- oder Putzmachern. Federn sind nämlich so etwas wie ihr Lieblingsmaterial.

Und wie entwickelt Claudia Köcher ein Hutmodell? Die Idee ist am Anfang, aber dann, dann kommt der ganz genaue Plan, wie alles gemacht wird. Jeder Schritt wird in ihrem Kopf geplant, die einzelnen Schritte werden aufgeschrieben, neben Skizzen in einem Buch, und erst, wenn alles klar ist, fängt sie an.

Wenn sie eine Kollektion vorbereitet, ist das etwas ganz Besonderes, und dann näht sie auch alle Kleider zu den Hüten allein: „Für die kommende Kollektion, dachte ich mir", so Claudia Köcher, „Tüll und Stroh zu kombinieren, und sie muss bunt werden." Mehr verrät sie noch nicht, außer, dass alles, was sie macht, einerseits klassische Eleganz mit Augenzwinkern atmet, aber mit einer Prise Zucker …

Und noch einmal ein paar Schritte zurück in die Marktstraße 6, zur „Krawatte" und ihrem Inhaber Rudolf Kaiser.

Der Beruf des „Krawattiers" sei eine ungeschützte Berufsbezeichnung, und er sei der einzig übrig gebliebene in Deutschland, erzählt Rudolf Kaiser. „Kaiser"-Krawatten, so erfahre ich, sind eine Marke, die über Weimar hinaus einen hervorragenden Ruf hat.

Dass sich der ausgebildete bildende Künstler Rudolf Kaiser nicht dem Antiquitätenhandel, sondern der Krawattenproduktion und ihrem Verkauf zuwandte, gehörte zu den zentralen biografischen Entscheidungen seines Lebens während und nach der deutschen Wiedervereinigung. Erfahren hatte er schon beim Studium in Dresden allerdings: „Mit Krawatte kommt man durch." Soll meinen, man ist anerkannter, wird ernster genommen, respektiert. Und er trug „schon immer" Krawatten – sein Vater erhielt regelmäßig durch einen guten Freund beste handgenähte französische Exemplare, die dieser abgelegt hatte, und er als Sohn erhielt sie dann von seinem Vater, wenn dieser sie ablegte.

Nach der Wende glaubte Rudolf Kaiser, man könnte nun auch in Weimar derartig gute Krawatten kaufen, sah sich jedoch übel getäuscht. Mit den hervorragenden französischen Seidenprodukten, an die er gewöhnt war, konnten die neuen Marken nicht mithalten, und die überall gerühmten Krefelder Krawatten waren für ihn ebenso wenig erstrebenswert, nachdem er sie vor Ort in Augenschein genommen hatte. Also

stand der Entschluss fest: mit hervorragenden Seidenstoffen, am besten aus China, eigene Krawatten zu machen.

Peking war jedoch selbst 1990 schwer erreichbar für solche Ambitionen. Daher ließ er sich fügsam nach Bangkok „umlenken“ und kaufte dort seine ersten Krawatten, die er in zwei Koffern zurücktransportierte, ca. 800 Stück. So begann das neue Berufsleben. Die erste eigene Kollektion von Kaiser-Krawatten entstand dann Mitte der 1990er Jahre in Thailand.

Über 100 Dekore bietet Rudolf Kaiser heute in seinen Kollektionen an, die mehrfach im Jahr wechseln. Und er hat Krawatten für Herren aller Größen, aller Typen, sportliche, elegante, einfach alles. Wenn er Krawatten anderer Marken hinzukauft, sind das immer exklusive Tranchen eigens für ihn. Die Krawatte – eine Welt, so sein Credo. Unendlich viele Varianten dieses schmalen Stoffstreifens, in Breite, Länge, Schnitt und Dessin, sind möglich. Dann die Fliegen, die Einstecktücher, die unbedingt zum Herrenauftritt gehören und gebührend Aufmerksamkeit verlangen – und schließlich die Frage, wie die Knoten zu binden sind. 199 verschiedene Arten, die Knoten zu binden, rechts und links, könnte er vorweisen, und in etlichen Krawatten-Seminaren konnte er sein Wissen bereits vorführen, sowohl in Weimar als auch auf Einladung an anderen Orten.

Aber das ist keineswegs alles. Vielmehr müssen Hemden und Krawatten korrespondieren, Haifisch- oder Kentkragen und die vielen anderen. Der Typ des Mannes, seine Größe, seine Haut, nicht zuletzt der Rahmen des Gesamtbilds, das Jackett, wollen mitbedacht werden bei der Wahl der richtigen Krawatte ... das ist keineswegs in drei Minuten abzuhandeln.

Weder italienische noch französische Seide wird für die Herstellung von Kaiser-Krawatten benutzt, die gibt es schon längst nicht mehr, erzählt er, sondern ausschließlich indische, thailändische oder chinesische. Gewebt werden die einfarbigen Krawatten in China, die mehrfarbigen in Italien. Immer haben sie eine doppelte Baumwolleinlage, verrät Rudolf Kaiser.

Über den Preis seiner Produkte schweigt er: Für einen Mann spiele der Preis einer Krawatte keine Rolle, behauptet er. Da gehe es um das Wohlbefinden. Wenn Frauen für ihren oder einen Mann eine Krawatte aussuchten, gehe das dementsprechend zumeist nicht gut aus, das sei seine Erfahrung.

Neben Weimar kann man in Erfurt Kaiser-Krawatten erwerben, dann erst wieder in Paris oder Bologna, auch in Mailand und der übrigen Welt.

Wieder wende ich den Schritt Richtung Herderkirche und besuche jetzt – eine Modeschöpferin. Seit 2004 residiert die Gewandschneiderin Cara Apfelkern alias Katharina Billwitz in wechselnden Domizilen der Weimarer Altstadt. Zunächst war sie in der Modepassage, dann in der Kaufstraße, daraufhin in der Marktstraße und schließlich, heute, am Herderplatz. Zuvor arbeitete die freiberufliche Kostümdesignerin als Gewandmeisterin für verschiedene Theater in der Großregion zwischen Magdeburg und Dresden sowie für den Film. Noch heute ist sie auch für Künstler tätig. Die müssen jedoch zu ihr kommen, seit sie ein Kind hat.

Ihre Philosophie besteht darin, Frauen (vorwiegend diese, aber es kommen auch gelegentlich Herren) schön zu machen, ihre Wünsche zu erraten und umzusetzen. Leicht halten Frauen sich für hässlich, selbst wenn sie schön sind, sinniert sie. Man muss aber das Leben feiern, kleine Defizite, die jeder hat, einfach überspielen. Und das Prozesshafte, ein schönes Kleid gemeinsam mit der Kundin zu entwickeln, ist wunderbar: Anlass und Person müssen optimal bedient werden, und das Kleid sollte zugleich den Aufgaben, die man an einem Abend, einem Tag in ihm bewältigen muss, gerecht werden.

Das Kreieren und Anmessen eines Kleides als Therapie und Coaching-Situation? „Genau", antwortet Cara Apfelkern, und ihre Augen leuchten: Sie hat den Eindruck, sie muss ihre Kundinnen stark unterstützen, ihnen vermitteln, was Yoga, Osteopathie und eine gute Ernährung vermögen. Das alles als Dreingabe zu dem Kleid, der Jacke, dem Gehrock.

Was ist denn aber in der Sache wichtig, was braucht es noch, um ein Unikat zu entwickeln? Natürlich die Stoffe, meint Cara Apfelkern: Hier darf nicht gespart werden, Naturstoffe sind vorzuziehen, klar, aber nicht nur. Wenn die Kundin Synthetik favorisiert, dann eben das. Auch alte Stoffe, vom Flohmarkt, von Haushaltsauflösungen werden bei ihr im Fundus, der sich zuletzt in der Pandemie bewährte, aufbewahrt und zur richtigen Gelegenheit hervorgeholt. Oder die Kundinnen bringen die Stoffe mit.

Daneben ist Cara Apfelkern Verfechterin des Handwerks. Sie bildet seit 2009 Lehrlinge aus, sieht das jedoch mehr und mehr als große Herausforderung an.

Und ihre *größte* Herausforderung? Ein Hochzeitskleid, an dem sie mehrere Jahre lang arbeitete, immer wenn die international frei flottierende Kundin mal in Weimar war. Es sollte ein Kleid im Baukastensystem sein, mit verschiedensten Schleppen und Jackenmodulen. Gut, das kriegt man schon hin, sagte sich Cara Apfelkern. Das Hauptproblem war jedoch: Die Figur der Kundin veränderte sich ständig. Das künstlerisch anspruchsvollste Projekt waren hingegen die Vogelkostüme für ein Theaterprojekt in Liechtenstein.

Warum ihre Ausbildung zur Kostümbildnerin 15 Jahre lang gedauert hat, wollten immer wieder Menschen von ihr wissen. Das interessiert mich natürlich auch. Darauf hat sie die einleuchtende Antwort, dass nicht jeder Kostümbildner so wie sie außerdem die Ausbildung zur Putzmacherin, zum Korbmacher, Täschner und in der Fotografie absolviert hat und obendrein noch in der Schuhmacherei Praktika ableistete. Denn so vielfältig ist der Beruf der Kostümbildnerin ...

Nach so vielen Geschäften, die sich der Schönheit ihrer Kunden verschrieben haben, besuche ich zum Abschluss noch eines, das den Genuss in den Vordergrund stellt und sehr viel Weimar- und Thüringen-Bezug hat: Ich treffe mich mit Bettina Vick in ihrem Thüringer Spezialitätenmarkt in der Frauentorstraße 17. Ihr Ausgangsgeschäft ist in Erfurt seit 2003 auf der Krämerbrücke beheimatet.

Die diplomierte Ingenieurin für Werkstofftechnik und Multimedia-Fachfrau, die in einer Werbeagentur arbeitete, wo sie regionale Produkte lediglich als Werbeelement für Thüringen einbinden sollte, fand bei dieser Aufgabe großen Gefallen an den Thüringer Spezialitäten, die dann schon, als sie in der Agentur tätig war, in eigens gestalteten Holzkisten verpackt und den Kunden übergeben wurden: „Die Holzkisten", so Bettina Vick, „sind bis heute der Renner, und Kunden bringen sie uns auch wieder, um sie erneut füllen zu lassen, oder sie sind Spielkisten für die Kinder oder irgend etwas anderes Sinnvolles geworden." Nie hat ihre Agentur je eine staatliche Förderung erhalten, wie das an anderer Stelle

wohl passierte. Und irgendwann, als die Agentur zu wenige Aufträge vom Land als dem größten Auftraggeber erhielt, beschloss Bettina Vick: „Ich mache das selbst. Ich kenne jetzt alle guten Produkte in Thüringen, die Kunden suchen mich … also los!"

Im Grunde hat Bettina Vick mit einer Ausnahme das gleiche Sortiment in Erfurt und in Weimar (wo ihr Laden ab 2009 zuerst in der Kaufstraße war), die Ausnahme sind die Weine von Saale und Unstrut, die sie nur in Weimar anbietet (und ausschenkt). Sie machen 15 % des Sortiments aus. Denn hier am Frauenplan gibt es, anders als an der Krämerbrücke, die Möglichkeit eines Kaffee-, Wein- und Schnaps- oder Eierlikörausschanks an der Bar oder an kleinen Tischen vor dem Laden. 2019 ist sie hierher expandiert.

Ja, wirklich, der Wein wird am liebsten von den Kunden gekauft, und das sind zu 50 % Weimarer oder Menschen aus der Umgebung Weimars bis Jena, und in normalen Zeiten kommen dann die Auswärtigen hinzu, Gäste der Stadt, die etwas zum Mitbringen suchen, das vielleicht originell und hoffentlich sehr gut ist. Sie zeigt mir ihre Weine, etwa jenen vom Weingut Bad Sulza, den *Herzog von Auerstedt,* einen eleganten Cuvée-Rotwein, oder den *Poet,* den sie auch sehr schätzt.

Selbst für das ganz kleine Portemonnaie hat sie etwas Schönes zum Mitbringen: Pfefferminzbonbons Marke *Wusil,* die es schon zu DDR-Zeiten gab, für wesentlich unter einem Euro.

Des Weiteren gehören zu den Top-Produkten ihres Sortiments die Thüringer Bratwurst in der Dose, der Thüringer Küchensenf in zahlreichen Abschmeckungen aus der Senfmühle von Kleinhettstedt, die Wurst von Naturfleisch Oberweißbach im Thüringer Wald (etwa die Goethe-Salami, die Wanderstock-Salami, die Rennsteig-Salami, die alle einen Anteil von 25 % Rindfleisch aufweisen und über einem Buchenholzfeuer geräuchert sind), die Goldmännchen-Teesorten aus Gera, besonders jene mit den Bachblütenwirkstoffen, das Bier der Brauerei Schmiedknecht aus der Nähe von Königssee, das Mühlhäuser Pflaumenmus und die Rotstern-Schokolade. Nicht zu vergessen ist der Eierlikör: jener zum Löffeln aus dem Vogtland sowie der von Bauer Frantz und der von Oma Friedel. Ach, und erwähnt werden müssen außerdem der Bitter *Aromatique,* den schon Franz Liszt geschätzt hat (von Kramer), und die Obstbrände von Fahner Frucht aus Döllstädt.

Immer weiter geht es: Auch aus Weimar gibt es Produkte, die süßen oder salzigen Waffeln aus Kichererbsenmehl, den Gin aus Weimar, gleich mehrere Sorten, mit seinem großen Qualitätsanspruch, und den Käsekuchen im Glas, den neuesten Renner.

Bettina Vick ist überzeugt von ihren Produkten und weiß, weil sie einiges selbst von den Erzeugern abholt, dass die Dinge mit Liebe und Sorgfalt gemacht und bei ihr mit der gleichen Liebe verkauft werden.

Die Spezialitätenhändlerin nimmt auch teil an der Initiative *eat the world,* die ab 2021 regelmäßig kulturell-kulinarische Rundgänge für Gäste durch Weimar anbietet, an Freitagen oder Samstagen (www.eat-the-world.com/stadtfuehrung/weimar/).

## 19
## Das Denkmal ohne Figur

Für dieses Thema, das hier Erwähnung finden muss, weil die Sache einfach nach einer Erklärung schreit und weil es sich um ein Kuriosum handelt, braucht es den Experten, und das ist Dr. Alf Rößner, Direktor des Stadtmuseums Weimar und Begründer einer Initiative zur Rettung des verschwunden geglaubten Sockels des Denkmals für Carl Alexander, den Herrscher der Silbernen Zeit Weimars.

Die Goldene Zeit ist die Zeit Goethes, Carl Augusts, Wielands, Herders und Schillers, während ab dem Zeitpunkt von Goethes Tod 1832 spätestens die Silberne Zeit beginnt und bis zum Tod von Maria Pawlownas Sohn Carl Alexander nach 52 Regierungsjahren dauert. Weimar verdankt ihm, dass sein historisches Stadtbild bewahrt wurde, dass zwei

Hochschulen durch ihn gegründet wurden, die in die Moderne überführt werden konnten, Museen, Bildungseinrichtungen und Förderungen von Künstlern übernationalen Rangs. Neben und mit seiner Frau Sophie, geborene Prinzessin der Niederlande, brachte er die Musealisierung des Goethehauses und die Sicherung des Goethenachlasses zustande. Dennoch war seinem 1907 posthum errichteten Denkmal, anders als jenem von Carl August, das ebenfalls ein Reiterdenkmal ist, kein Glück beschieden.

Alf Rößner sagt:

*„An der Pickelhaube, die er auf dem Denkmal trägt, stieß man sich 1946, dabei war es nicht einmal eine rein preußische, der Helm trug neben dem preußischen Adler nämlich das sächsische Wappen. Gleichwohl als preußischer General ritt Carl Alexander in den Krieg 1870/71, hatte dort das Eiserne Kreuz erworben und als gleichzeitiger ‚Chef' eines russischen Husarenregiments auch noch das St. Georgskreuz, den Orden, den er nach dem des spanischen Goldenen Vlieses am meisten schätzte, wegen seiner russischen Mutter.*

Er war kein ‚Pickelhauben'-Fürst, als den man ihn oder seine Statue 1946 eingeschmolzen hat, sondern ein weltläufiger, vielsprachiger, kunstliebender, religiöser sowie religiös toleranter Mensch (keinesfalls immer dasselbe!). Und es ist sehr gut, dass Weimar ein Denkmal besitzt, das zum ‚denk mal!' anregt."

Der größte Monolith Weimars, so erläutert Alf Rößner weiter, wurde am Watzdorfplatz in Bahnhofsnähe (heute: Buchenwaldplatz), als dort im Vorfeld des Kulturstadtjahrs Baumaßnahmen durchgeführt wurden, entdeckt, ein Granit aus dem Fichtelgebirge, und er darf heute wieder regulär stehen, wo das Denkmal von Adolf Brütt 1907 eingeweiht wurde, vor der „Erholung", heute „mon ami": dem Kulturzentrum damals wie heute, und dem belebtesten Platz Weimars.

In Korrespondenz zu dem Denkmal Carl Augusts, seines Großvaters, der auf dem Platz der Demokratie den Schlossbezirk von Fürstenhaus, Grünem Schloss und Residenzschloss regiert, sollte Carl Alexander das Weimar des Silbernen Zeitalters, jenes der emanzipierten Bürger, reitend und wohlwollend begleiten: Da waren und sind die „Erholung" (heute: Kulturzentrum mon ami), das Lesemuseum, das Hotel Russischer Hof, die Post, die Kunsthalle, es war auch damals schon der Platz, den zuerst die Straßenbahnen, später die Omnibusse querten. Das gut durchdachte Stadtkonzept wurde aber schon 1938 durch die Nationalsozialisten, die das Denkmal zum Watzdorfplatz verlagerten, durchkreuzt, wie überhaupt Weimar in seiner historischen Geworden- und Durchdachtheit, die sich auch in seiner bedachten Denkmalpolitik ausgedrückt hatte, zerstört werden sollte.

Heute ist es schön zu beobachten, dass zahlreiche Menschen die Bänke rund um das Denkmal ohne Figur als Ruhepunkt nutzen, um auf ihren Bus zu warten, etwas zu sich zu nehmen oder ihre nächste Besichtigung zu planen. Diese zivile Nutzung hätte auch Carl Alexander, wäre er noch auf dem Sockel präsent, geschätzt.

## 20
## Friedrich Justin Bertuch, das Stadtmuseum und die Pomologie

Es geht jetzt um Friedrich Justin Bertuch (1747–1822): eine Mischung aus Forscher, Schriftsteller und Unternehmer, begabt mit einer Spürnase für die Bildungsbedürfnisse aller Schichten der Gesellschaft, immer ganz eng am Puls der Zeit. Er vereinigte in sich pädagogischen Eros, aufklärerischen Idealismus, den Wunsch nach Modernisierung und eine besondere Kommunikationsfreudigkeit. In seinem Landes-Industrie-Comptoir, denn dieses beherbergte sein Haus neben der Wohnung seiner Familie, bündelte er verlegerische und Manufaktur-Aktivitäten. Sei-

ne Frau unterstützte ihn durch die Leitung einer Fabrikation künstlicher Blumen und Früchte, damals begehrte Modeartikel zum Schmuck von Kleidern und Hüten. Daneben ließ er Spielzeug, Lehrmittel, Landkarten, Spielkarten, Kunstblätter, Fliesen, Kachelöfen, künstlerische Tonwaren sowie optische und physikalische Geräte herstellen und gab 450 Weimarer Bürgern Arbeit, fast 10 % der damaligen Weimarer Bevölkerung. Im Jahr 1800 gründete er mit herzoglicher Erlaubnis die zweite Druckerei in der Stadt neben der Hofdruckerei. Ursprünglich herzoglicher Schatullier, war Bertuch überdies ein begeisterter und zugleich forschender Gärtner, als solcher auch für den Herzog tätig, etwa bei der Neugestaltung des Ilmparks im Sinne des englischen Landschaftsparks.

Zunächst einmal gilt es, das langgestreckte Gebäude an der Karl-Liebknecht-Straße zu erkunden: Das Bertuch-Haus (heute Stadtmuseum Weimar) ist den Prinzipien des Frühklassizismus verpflichtet und wurde nach Bertuchs eigenen Vorstellungen 1777 nach der Stadtentfestigung von ihm in dem in Erbpacht erworbenen, ehemals herzoglichen Baumgarten vor den Toren der Stadt zwischen Jakobsvorstadt und Schwanseewiese errichtet. Zuerst ließ Bertuch 1780 bis 1782 durch den fürstlichen Baukontrolleur Johann F. R. Steiner den nördlichen Flügel erbauen, von 1800 bis 1802 folgten unter Christian H. Schlüter der Mittelbau und der Südflügel sowie mehrere Anbauten (Wagenremisen und Arbeitsräume für das Landes-Industrie-Comptoir und sein Geographisches Institut). Schiller, der den nördlichen Flügel unmittelbar nach Fertigstellung sah, schreibt am 18. August an Christian Gottfried Körner: „Bertuchen habe ich kürzlich besucht. Er wohnt vor dem Thore und hat ohnstreitig in ganz Weimar das schönste Haus. Es ist mit Geschmack gebaut und vortrefflich moeubliert, hat zugleich, weil es doch eigentlich nur ein Landhaus seyn soll, einen recht geschmackvollen Anstrich von ländlicher Natürlichkeit. Nebenan ist ein Garten."

Damit sind die entscheidenden Punkte genannt: die Verbindung von urbaner und ländlicher Architektur im eleganten, wenig ornamentierten Stil des Klassizismus und die Einbettung in eine großzügige Gartensituation, die keineswegs einen bloßen Nutzgarten meint, sondern einen Park, der dem Lebensgenuss dient. Man hat hier für Weimar das erste nachweisbare Beispiel eines bürgerlichen Bauherrn vor sich, der, vergleichbar den Fürsten, die nötigen Kenntnisse besaß, um den Architekten sachdienliche Vorgaben zu machen.

Im Inneren ermöglicht ein durchgehendes System von Korridoren die Erschließung des gesamten Gebäudes. Die Seitengebäude tragen das schon im Barock übliche Mansarddach. Der Mittelbau ist eindeutig dem Klassizismus verpflichtet und sein vorspringender dreiachsiger Mittelrisalit mit den vier ionischen Kolossalpilastern trägt ein Dreiecksgiebelfeld mit Bertuchs selbstgewähltem Wappen – deutliches Zeichen für das erstarkte bürgerliche Bewusstsein. Alf Rößner, der Leiter des Stadtmuseums, den ich schon zuvor wegen des Denkmals ohne Figur traf, findet, dass dieser Wappenstein, ein Bienenkorb und zwei Füllhörner mit Blumen, gewissermaßen die Bertuch'sche Maxime symbolisiere: den Bienenfleiß, das sichere Aufbewahren des Erreichten ... Dieses Symbol war auch Bertuchs „Firmenlogo".

Ich mag dieses Gebäude wegen seiner Großzügigkeit einerseits und der Entsprechung von Äußerem und Innenausstattung andererseits, es ist aus einem Guss. Speziell der Eingang und das Treppenhaus mit Wandnischen, in die von Klauer angefertigte Gipsabgüsse antiker Plastiken eingebracht wurden, sowie die im Zuge von Winckelmanns Paestum-Beschreibungen nun zum „Muss" gewordenen dorischen Säulen und die übrige Wand- und Deckenausstattung lassen durchaus Vergleiche mit dem Residenzschloss zu, das zur gleichen Zeit wie der zweite Teil des Bertuchhauses ausgestattet wurde. Ja, und das gibt Alf Rößner mir noch mit:

*„Friedrich Justin Bertuch, vielleicht eine ‚Nebenperson', wenn man Weimar nur immer in den großen Namen denkt, ist dennoch unverzichtbar, ein unbedingtes Vorbild, der reich wurde, aber nie sein soziales Gewissen*

*verlor, viel tat für sozial Schwache, die Gesundheitsvorsorge hoch schätzte und noch vieles mehr. Bertuch angemessen zu würdigen, ist eine der wichtigen Aufgaben des Stadtmuseums Weimar."*

Friedrich Justin Bertuch ist mir auch daher so sympathisch, weil ihm daran gelegen war, unterschiedliche Wissensgebiete populär zu machen. Mit Vorliebe behandelte er Bereiche, die auch anwendungsbezogen waren, wie etwa die Naturgeschichte. So hat er eine ganze Reihe von „grünen Editionen" verwirklicht, unter denen seine Leitfäden und Zeitschriften zum Obst- und Gemüsebau, zur Botanik der Gärten, zur Blumenzucht und zur Gartenkunst besonders hervorstechen. Der Obstbau implizierte für ihn bereits auch den Aspekt der Gesundheitsvorsorge für die Bevölkerung, rein aus dem Erfahrungswissen heraus, ohne dass der Begriff „Vitamine" überhaupt bekannt war. Bertuch empfand instinktiv, dass Obst gesund ist. Daher brachte sein Freund, der Ortspfarrer von Kleinfahner in Thüringen, Johann Volckmar Sickler, über zehn Jahre lang in Bertuchs Verlag die Zeitschrift *Der Teutsche Obstgärtner oder gemeinnütziges Magazin des Obstbaues in Teutschlands sämmtlichen Kreisen, verfasset von einigen practischen Freunden der Obstcultur* heraus. Es entstanden 22 Bände dieser Zeitschrift mit 276 herrlichen farbigen Kupfertafeln. Insbesondere die Pomologie, also die Obstbaukunde, hatte es Sickler angetan. Der Zeitschrift waren immer Informationen zur Behandlung von Gehölzen, zur Vermehrung und Veredelung, zum Schädlingsschutz, zur Lagerung und zum Versand von Obst beigefügt. Und der praktische Effekt war, dass viele Menschen auf dem Land durch die Lektüre in die Lage versetzt wurden, unkultiviertes Land in blühende Obstgärten zu verwandeln. Bertuch gab daraufhin als Anschlussprojekt von 1804 bis zu seinem Tod das *Allgemeine Teutsche Garten-Magazin* heraus, das von seinem Nachfolger ab 1824 als *Neues Allgemeines Garten-Magazin* fortgeführt wurde. Aufgrund eines Leserbriefs, in dem die Qualität der kolorierten Kupfertafeln mit den Obstsorten bemängelt wurde, begann Bertuch, der immer um Optimierung seiner Produktpalette bemüht war, die Anregung des Kritikers aufzugreifen und Wachsfrüchte von Äpfeln und Birnen verfertigen zu lassen, die die Sorten in naturgetreuer Weise darstellen sollten. Ein Jahr später schon, 1795, konnten Bertuch und Pfarrer Sickler „ein vollständiges pomologisches Cabinett, mit Beziehung auf den teutschen Obstgärtner [...] nach mancherley überwundenen Schwierigkeiten" liefern. Die vom Pfarrer ausgewählten Früchte wurden mit Gips umhüllt, der Gußwürfel im halbfesten Zustand gespalten, die Frucht entnommen, woraufhin in die jetzt

entstandene Hohlform durch das Stielloch heißes Wachs gegossen und die Form sogleich geschwenkt wurde. Es entstand somit eine hohle Apfelform aus Wachs. Zuletzt wurden lasierende Farben in Einsatz gebracht, um den Wachsapfel wie ein Original aussehen zu lassen: wunderschön. Große Kollektionen von Wachsfrüchten sind nur an wenigen Stellen in Deutschland vorhanden, etwa in Schloss Wörlitz (222 verschiedene Stücke) und im Naturkundemuseum Bamberg (193). Das Stadtmuseum in Weimar besitzt nach Erwerb einer privaten Sammlung aus Münster (wahrscheinlich ehemals in Weimarer Besitz) mit 268 Wachsfrüchten die größte pomologische Sammlung Deutschlands. Im Rahmen einer neuen, in Modulen immer erweiterten Dauerausstellung ab dem Jahr 2021 soll auch dieser Aspekt des Bertuch'schen Tuns stärker hervortreten.

# 21
# Bars, Cafés und Kneipen

## 21.1 Die Bar im Hotel Elephant

Das Hotel Elephant ist eine Weimarer Institution. Seit der Ersterwähnung des Vorgängers 1561 war es als Gastwirtschaft/Gasthof schon erstes Haus am Platz. Unter dem Namen „Zum Elephanten" seit 1696 firmierend, ist es immer die adäquate Unterkunft für bedeutende nichtadlige Persönlichkeiten gewesen, die Weimar besuchten – die Adligen wohnten in dem Hof benachbarten Gebäuden. So besuchten das Haus Grillparzer, Lenz, Klinger, Börne, Zelter, Felix Mendelssohn Bartholdy … und einen ähnlichen Status hat das Hotel bis heute inne. Immer wieder war „der Elephant" auch in der Literatur eine Kulisse für den Romancier, etwa in Thackerays *Jahrmarkt der Eitelkeit* oder in Thomas Manns *Lotte in Weimar*.

Das Hotel ist das eine, die Hotelbar das andere, oder doch dazugehörige? Robin Schlolaut und Mirko Brux, beide in der Bar tätig, sehen die

Bar in einem Hotel als zwingend dazugehörig an, aber eine Hotelbar sei prinzipiell anders als eine Bar, die losgelöst von einem Hotel existiert, und die Gäste verlangten auch anderes. Die Hotelbar, so erklären sie, ist einerseits Treffpunkt von Leuten aus der Stadt, die einmal kurz ein Gespräch führen wollten oder Gäste von auswärts mitbringen. Außerdem sollen ebenfalls die Hotelgäste hier einen Drink einnehmen können.

Ich schaue mich um. Leise Musik läuft, aber kein Gespräch ist gestört, das Licht ist hell, dennoch wirkt es gedämpft, eine angenehme, klassisch-moderne Atmosphäre, durch das Mobiliar vermittelt. Die Bar betreut neben den eigentlichen Barräumen auch die Lobby bzw. Wohnhalle, den Lichtsaal des Hotels sowie die Marktterrasse.

Zum Angebot: Im ersten Haus am Platz soll man alles erwarten können, was eine klassische Hotelbar liefern kann, und außerdem soll man hier auch feiern können. Bis hin zu Hochzeiten. Es gibt alle Kaffeespezialitäten, alle Säfte, alle Spirituosen und die klassischen Drinks oder Cocktails. „Meinen ersten Martini", sagt Robin Schlolaut, das habe ihm ein junger Mann erzählt, „den wollte ich hier trinken, hier ist er sicherlich besonders gut."

Als Unikum werden seit zwei Jahren Weincocktails angeboten, aber „ohne Wein". Die Weinaromen werden „nachgebaut" auf der Grundlage von Säften und Spirituosen mit den unterschiedlichen Aromen des Weins wie Riesling, Sauvignon oder Pinot Noir. Die Idee entwickelten die beiden Barkeeper gemeinsam mit dem früheren Sommelier des Hauses.

Robin Schlolaut gehört der Deutschen Barkeeper Union an, die sich dafür einsetzt, den Beruf als Ausbildungsberuf zu etablieren: Bisher muss man als ausgebildeter Restaurantfachmann Zusatzlehrgänge besuchen, um Barkeeper zu werden. Solche bietet Robin Schlolaut auch an, bzw. besucht er selbst weiter Spezialisierungslehrgänge, denn das Gebiet ist sehr umfangreich.

Weder er noch Mirko Brux würden gern den Beruf tauschen: Gerade die Arbeitszeiten kommen ihnen entgegen, und ihre Kreativität und sozialen Fähigkeiten sind im Umgang mit den Gästen immer gefragt. Zu 99 % seien es nette, interessante Menschen, deren Wünsche sie erfüllen: „Vom Studenten bis zum Rentner treffen wir hier alle Bevölkerungsgruppen und alle Altersstufen", sagt Mirko Brux. Und die Kleidung sei kein Kriterium: „Jeder Gast ist hier gleich und wird in gleicher Weise höflich und freundlich bedient." Besonders wichtig sei es, die Produkte aus der Region anzubieten, die auch stark nachgefragt werden, die Brände aus dem Eichsfeld, das Ehringsdorfer Bier, Wein aus dem Saale-Unstrut-Gebiet.

Die Abschlussfrage bezieht sich natürlich auf die bekannte Funktion des Barkeepers als „Seelentröster": „Man muss zuhören können", sagt Robin Schlolaut, und Mirko Brux nickt: „Da ist der erste selbst finanzierte Urlaub eines jungen Mädchens zu Corona-Zeiten unmöglich geworden, und sie hat dieses Problem an der Bar erzählt. Klar, dass ich da Mitleid hatte …"

## 21.2 Die Weinbar

In der Humboldtstraße 2, am Ort des früheren Weinrestaurants Sommers, das die Weimarer noch sehr gut kennen, hat Philipp Heine im Sommer 2016 seine Weinbar eröffnet. Er hatte zuvor im Hotel Elephant gearbeitet und hat nun mit seiner Freundin hier sein eigenes Projekt begonnen: Wein war sein großes Interesse. Und sie wollten viele offene Weine anbieten, ein Spektrum sehr guter, um die große europäische Weinkultur zu dokumentieren, aber durchaus auch Weine aus Übersee. Daneben sollten kleine Essensspezialitäten gereicht werden.

Die Zusammenarbeit mit Marcello Fabbri, 25 Jahre lang Sternekoch des Hotels Elephant, ergab sich erst später, in mehreren Schritten: Als im Januar 2018 das Hotel in alter Leitung seine Tore für eine Restaurierung unter neuer Führung geschlossen hatte, konnte Philipp Heine Marcello Fabbri für ein Gastkochen zum ersten Jahrestag seines Restaurants gewinnen. Vor allem das neue Motto stimmte auch Fabbri gewogen, sich der Sache prinzipiell anzunähern: Nicht so steif wie im früheren Restaurant Anna Amalia sollte es zugehen. Atmosphäre und Genuss sollten im Vordergrund stehen. Eine Küche für all jene sollte es sein, die einmal ein Glas guten Weins genießen wollten mit einem kleinen Happen, einer Auswahl zehn kleiner Gerichte, „come in Italia", sogar im Stehen, an der Bar, das war und ist die Ausgangsidee.

Und die Testphase verlief für beide, Heine und Fabbri, äußerst positiv, sodass sie eine Zusammenarbeit vereinbarten. Im September 2018 präsentierten sie dann außerdem ein fünfgängiges Menü, das immer für zwei bis drei Wochen feststeht, je nach Jahreszeit und regionalem Angebot an frischen Bioprodukten. Denn auch dieser Aspekt war für die beiden Gastronomen wichtig. Unter Beibehaltung der „Barfood"-Idee wollten sie jetzt den Raum des recht großen Lokals ausnutzen und nur mit besten Produkten, etwa sehr guten Fisch- und Fleischqualitäten, Mehl aus Denstedt und vielen anderen regionalen Produkten, erneut „come in Italia" mehrfach am Abend wechselnde Gäste bedienen. Denn die Weinbar boomte seit Anbeginn. Das Menü kann man nur nach langfristiger Anmeldung buchen. Die Weinbar bietet 70 Gästen Platz.

Was sie als Weinbar auszeichnet? (Denn die Küche ist ja sowieso über alle Zweifel erhaben, so wie wir Marcello Fabbris Kreationen kennen ...) – Es sind insgesamt Weine von Weingütern, mit denen eine gute Verbindung besteht, sodass nur ehrliche Angebote gemacht werden. Außerdem werden die Weine auch außer Haus verkauft, und das meint ebenso Verkäufe an andere Gastronomen in Weimar, die selbst Catering und ähnliche Leistungen anbieten. Im Sektor Wein hat sich der Restaurantfachmann Philipp Heine selbst eingearbeitet. Die Leitfrage für ihn war dabei: Warum trinkt welcher Mensch welchen Wein? Es folgte für ihn eine „kleine Sommelier-Ausbildung", und schon jetzt hatte er vor Augen, dass so genannte „Primi", italienische erste Gänge wie Pasta oder Risotto, die idealen Begleiter sein würden für die Weine, die er ausschenken wollte.

Heute bewirtschaften Fabbri und Heine die Weinbar mit insgesamt vier Personen in der Küche und einer Spülkraft, daneben drei Servicekräften und fünf bis sechs studentischen Aushilfen. Ihr gemeinsamer Anspruch ist: „Wir sind immer gleich gut." Von ihrem Kundenstamm, der ständig wächst – seien es die Weimarer, seien es die Besucher Weimars –, erwarten sie folgende Einstellung (und erleben, dass diese auch mitgebracht wird): „Wir vertrauen ... und werden nicht enttäuscht."

In zahlreichen Artikeln in Reiseführern aller Medien ist schon über die Weinbar geschrieben worden – aber man muss sie einfach selbst kennenlernen.

## 21.3 Koriat

Aviv Koriat treffen wir Anfang Juli, und gleich sind wir beim Vornamen. Er ist einverstanden, zu erzählen, wie er zum Backen feiner französischer Patisserie gekommen ist, was ihn von einem Konditor unterscheidet und warum er Weimar mag. Warum er gerade hier seine absolut angesagte Kuchen-, Tarte- und Kaffeebar betreibt und Menschen jeder Altersgruppe, die das Süße lieben, damit anspricht (Stichwort: Droge!!).

Auf die Frage, wo er das Konditorenhandwerk gelernt hat, lächelt er:

*„Ich habe es gar nicht gelernt. Ich bin in Israel in einem Kibbuz geboren und bin mit meiner Exfrau 2004 nach Deutschland gekommen. Vorher war ich Product Designer und habe viel Geld verdient. Ich hatte in New York und Jerusalem Kunst studiert und wollte eigentlich Künstler sein. Ich hatte in Tel Aviv ein Design-Büro mit 12 Mitarbeitern, aber mir fehlte im Lauf der Zeit das Arbeiten mit den Händen, die Grundlage meiner Motivation, Kunst zu machen. Und so habe ich mich zu einem Patisserie-Kurs in einer sehr guten Schule in Tel Aviv angemeldet und zwei Jahre lang dreimal pro Woche auf Amateurniveau französische Patisserie zu backen erlernt."*

Dann kam das Angebot für Avivs Exfrau, ein Stipendium in Berlin wahrzunehmen, und so kam er 2004 auch mit nach Berlin. Bereits zu diesem Zeitpunkt war er seinen Beruf leid, denn er wollte keine Technik mehr in seinem Leben dulden, er wollte zurück zur Handarbeit.

Deutschland selbst erschien ihm zunächst als ein eher schwieriges Pflaster – zu viele seiner Verwandten waren Holocaust-Opfer. Aber Berlin und die offene Atmosphäre erschienen ihm sehr sympathisch, die deutschen Leute, die er traf, fand er intelligent und neugierig ... das schien eine gute Voraussetzung zu sein, um hier zu arbeiten.

Zunächst buk er privat für Geburtstage. Dann kam durch einen der begeisterten Gäste die Einladung in das Café Rubens am Mehringdamm, um dort zu arbeiten. Ohne Arbeitserlaubnis. So ging das zwei Jahre lang. Der Lohn betrug 7 Euro pro Stunde. Aviv hatte als Selbständiger in Israel ein Vielfaches mehr verdient ... Und er fragte sich weiter: Was suche ich? Seine Geschichte hört sich fast ein wenig wie ein Märchen an:

Ohne die Meisterprüfung als Konditor darf eigentlich kein Mensch eine Patisserie, so wie Aviv sie in Berlin und Weimar betreibt, leiten ... ihm ist es aber gelungen. Er durfte einfach mal „vorturnen". Drei Konditorenmeister haben ihn backen lassen, zweimal fünf Stunden vor ihren Augen, und ihm dann die Gewerbeerlaubnis erteilt. Die einzige Bedingung ist: Er darf sich nicht Konditor nennen. In Weimar ist er, weil seine Frau hier arbeitet. Seit Jahren pendelten sie, er suchte einen Laden und fand ihn schließlich gegenüber der katholischen Kirche: Hier ist es ruhig, sagt Aviv, hier gibt es sonst nichts. Ideal. Solche Orte braucht mein Kuchenkonzept. Genießen. Und das stimmt: Hier gibt es die Kirche, eine Apotheke, gegenüber ein sympathisches griechisches Restaurant mit Außenbereich – Ende.

„Eigentlich", sagt er, auf die Vielfalt seiner Tartes und Kuchen angesprochen, „sind es nur drei Typen, die alles an Variation hervorbringen können: Käse, Schokolade und Obst. Damit habe ich eine unglaubliche Vielfalt an Möglichkeiten." Aviv hat hier eine von ihm als ideal empfundene Küchenchefin aus Tschetschenien, Mutter von fünf Kindern, Kahwa, die ein untrügliches Gespür für Teige habe.

„Was ist denn das Wichtigste an Deinem Konzept, Aviv?", fragen wir.

*„Das Backen ist es nicht", antwortet er, „wir sind einfach für die Gäste da, wir wollen sie froh machen. Und wir entwickeln alles weiter, wir halten nichts geheim. Ich schreibe gerade ein zweites Buch, für die, die selbst gern backen,*

*sodass sie es nachmachen können. In Berlin probieren wir in der Backstube neue Sachen aus, in Weimar entscheidet das Team, was es glaubt, auch einsetzen zu können. Letztes Jahr wurden zwei vegane Kuchen in Berlin entwickelt. Mal sehen, ob Weimar die auch möchte …"*

Zutaten? Nichts besonders Spezielles, meint Aviv, alles, was an Zutaten nötig ist, kann sich jeder im Supermarkt besorgen: „Der Spirit ist das Besondere …"

## 21.4 Die Kaffeerösterei am Herderplatz

Seit Mai 2006 betreibt die geborene Mecklenburgerin Sabine Zotzmann ihre Kaffeerösterei mit frisch geröstetem Kaffee aus 21 Ländern, Cafébetrieb und einem Angebot von Schokoladen, handgefertigten Pralinen und Kuchen von drei Qualitätskonditoren aus Weimar. Auch Bio-Kakao kann man bei ihr trinken. In der schönen Jahreszeit hat sie zwischen der Suppenbar *Jelo* und dem Deutschritterhaus zahlreiche Tische unter Schirmen zu bieten und findet ihren Betrieb, der mit ihrer Arbeitskraft und vier Halbtagskräften funktioniert, fast zu groß. Aber die Auslastung in normalen Jahren mit Touristen – 80 % der Kundschaft komme von auswärts – erfordere diese Personaldeckung.

Wie kam sie zum Kaffee? Sabine Zotzmann erzählt offen:

*„Ich hatte zu Anfang der 2000er Jahre den Verlust meines Ehemanns zu verkraften. Da beschloss ich, mich einem ganz neuen Interessengebiet zu widmen. Der Kaffee lief mir in dieser Situation sozusagen über den Weg. In Wien begann es dann, dass ich mich für Kaffee – den ich schon immer gern trank – als Berufsoption interessierte. Dann habe ich mir viele Röstereien angeschaut. Auf einmal war ich angestachelt von der Idee der Rösterei und habe in Wien einen Lehrgang besucht. Dem folgten viele andere, auch in dieser Gegend, etwa in Zeulenroda. Ich habe ganz unterschiedliche Röstkonzepte kennengelernt."*

Es ging dann für sie darum, zwischen den maximalen Unterschieden den eigenen Weg zu suchen:

„Während in der Industrie", so Sabine Zotzmann, „Kaffee drei bis vier Minuten bei 400 Grad geröstet wird, ist mir die Schonröstung der Kaffeebohnen wichtig geworden: 20 bis 25 Minuten bei 200 Grad, und dann ein Abkühlen jeder Kaffeesorte von zwei bis drei Stunden. Auch für so etwas ist in der Industrie kein Raum, keine Zeit, kein Geld." Sabine Zotzmann jedoch schwört darauf: Nur so könne der Kaffee sein eigenes Duft- und Geschmackspotential entfalten. Wir gehen in den Innenraum, wo die große rote Röstmaschine den Blickfang abgibt. Sie zeigt mir ihre Favoriten, den indonesischen und den tansanischen Kaffee, der eine kräftige, vollmundige Geschmacksrichtung aufweist. Ich darf an unterschiedlichen Kaffeesorten riechen – und wirklich, alle haben sie einen eigenen Charakter.

Es erschien ihr als gutes Motto, bei ihrem Cafékonzept stark auf die Menschlichkeit zu setzen, die ihr aktuell oft genug im Umgang der Menschen miteinander fehlt. Darüber hinaus war ihr wichtig, dass sie ein edles Naturprodukt anbietet, das in sehr vielen Varietäten existiert. Von Brasilien über Kenia, Indien, bis nach Kolumbien gibt es Kaffee, und jeder ist anders. Schließlich Aroma-Kaffee, der vielleicht mit Orange oder Chili verfeinert wird, und viele Arten, den Kaffee zusätzlich anzureichern: als Irish Coffee, als Eiskaffee oder einfach in der heißen Jahreszeit als „kalter Kaffee", versetzt mit Eiswürfeln. Bei Sabine Zotzmann kann man natürlich auch andere Getränke bekommen; in jedem Fall genießt man bei ihr, sei es im Freien oder im gemütlichen Innenraum, eine Auszeit mit einem großartigen Kaffee, den man sich ganz nach Wunsch auch im Paket mit nach Hause nehmen und nachgenießen kann.

## 21.5 Zum Falken

Das „Zum Falken" ist unangefochten das alte Flaggschiff unter den Kneipen auf Weimars kleinem Stadtring, und es ist aus der relativ überschaubaren Weimarer Szene schlicht nicht wegzudenken. Dass hier bereits seit vielen Jahren gezapft und gezecht wird, merkt man auf den ersten Blick. Schon äußerlich verrät die Fassade der Trierer Straße 7, dass es hier nicht auf ein tadelloses Äußeres, sondern auf ganz andere Dinge ankommt. Auch im Inneren ist alles umgeben von der Aura eines Ortes, der unzählige lange Nächte erlebt hat: das gründlich eingesessene Mobiliar, bestehend aus einfachen Stühlen, Tischen und alten Kinositzbänken, die von Generationen bemalten und beklebten Fliesen der WCs, die vom Rauch verfärbten Wände und der von mehr oder weniger geschickten Spielern gezeichnete Billard-Tisch im Hinterzimmer. Es handelt sich um eine für junge Leute gemachte, grundsolide Kneipe mit günstigem Weimarer Bier vom Fass, kühlen Flaschenbieren und einer erklecklichen Auswahl ebenfalls preiswerter Spirituosen (zu beachten gilt allerdings: Viel mehr als Nüsschen aus der Dose wird man hier an Speisen nicht erhalten).

Hier kommt man unweigerlich ins Gespräch mit Stammgästen, Studenten der Bauhaus-Universität und Oberstufenschülern. Daneben verweisen einige an den Wänden aufgehängte Memorabilien auf den regelmäßigen Durchzug fahrender Handwerker-Gesellen (auch: Wanderfalken), die ab und an hier rasten. Ein Blick auf die Wände verrät aber auch, was den „Falken" zu etwas Besonderem macht: Schon seit jeher treten auf der kleinen Bühne Musiker und Bands auf. Die Wände sind teils tapeziert mit dicken Schichten von Plakaten, die einst zu diesen Konzerten einluden, jetzt an sie erinnern. Je nach Art der Musik sitzt man und lauscht, tratscht und trinkt weiter oder – und das mag unglaubwürdig erscheinen angesichts des überschaubaren Platzes – tanzt ausgelassen im freigeräumten Schankraum.

So wünschen wir dem „Falken" – der unter dem Motto „vigilando ascendimus – wachsam steigen wir auf" auch den Hausorden der Großherzöge von Sachsen-Weimar-Eisenach ziert – weiterhin einen steilen Flug durch weitere zahllose durchwachte Weimarer Nächte!

## 21.6 Salon Konetzny

In feinster Eckkneipenlage am Schnittpunkt von Humboldtstraße und Trierer Straße findet sich der Salon Konetzny. Der Salon existiert seit 2018, muss aber den Vergleich mit dem „alten" Falken keinesfalls scheuen. Was dem Salon (noch) an über die Jahre gewonnener natürlicher Patina fehlte, hat Inhaber Valentin Schmitt durch ein sehr geschmackvolles

Raumkonzept, das die historische Fachwerksubstanz gekonnt in Szene setzt, auf eigene Faust geschaffen. Dieser angenehme Zug, schon Vorhandenes zum Sprechen zu bringen und auf eigene Weise zu interpretieren, lässt sich auch am Namen der Eckkneipe ablesen. Tatsächlich firmierte unter ebendiesem Namen am gleichen Orte in Vorwendezeiten ein Friseursalon der Eheleute Konetzny, der zwar längst Geschichte ist, aber in ungewöhnlicher Wandlung eben doch fortbesteht. Als weitere leichte Verbeugung vor dem *Genius Loci* schmückt eine kleine stilisierte Schere die Gläser des heutigen Salons. Man munkelt, dass sich auch in heutiger Zeit schon Gäste von kundiger Hand im Salon über ein paar Getränken einen neuen Haarschnitt haben verpassen lassen.

Aber keinesfalls sollte der Eindruck entstehen, dass es in der Humboldtstraße 18 haarig oder staubig-historisch zugeht. Vielmehr überzeugt der Salon auf kleinem Raum durch eine der nahen Bauhaus-Universität angemessene sichere Formensprache und hohe Funktionalität, und ob zu zweit in den Fensternischen, in kalter Nacht am Ofen oder in großer Runde im Schankraum: Überall kommt man gut zum Sitzen. Neben günstigen Bieren kann man im Salon auch ohne Bedenken zum Wein oder zu ausgefalleneren Drinks greifen. Diese Bereicherung der Weimarer Szene gefällt besonders der jungen Generation, die sehr dazu rät, sich einmal auf die eine oder andere Art im Salon den Kopf frisieren zu lassen!

## 21.7 Biebereis

Wir treffen Felix Bieber und Flavia Pinto de Carvalho an einem schönen Mittag im September vor ihrem Laden in der Windischenstraße. Und erneut erfahren wir von zwei begabten Künstlern, die irgendwann Lust darauf hatten, ihr Leben zu ändern. Sie wollten Eis machen. Eis mit viel Obst und wenig Zucker oder auch mit viel Schokolade und wenig Zucker.

Während Flavia nach ihrem Kunststudium ein weiteres Studium in Betriebswirtschaft und eine Kochlehre absolviert hat, jetzt aber Konditormeisterin ist, hat Felix Bieber zunächst Medienkunst in Weimar studiert und sich in diesem Rahmen die Eisproduktion als Studienprojekt inklusive Credit Points ausgedacht. In der WG, in der er lebte, produzierte er gewerbsmäßig Eis, und das ist fast ein kleines Wunder: Es gelang ihm tatsächlich, die gar nicht so lockeren Gewerbeauflagen für die Produktion von sicheren Lebensmitteln zu erfüllen, und er hat vier Jahre lang, immerhin mit geliehenem Geld, in der Abstellkammer der WG das erste Eis hergestellt. Ein Alleingängerprojekt, das er komplett autodidaktisch begonnen hatte. Flavia war zu dieser Zeit im Restaurant Anna Amalia Kollegin des Sternekochs Marcello Fabbri (vgl. hier S. 81 f.) und hatte dort die Eisproduktion übernommen. Allerdings waren die Arbeitszeiten in dem Hotel mit ihrer dann auch fordernden Rolle als junge Mutter nicht mehr kompatibel, und so überlegte sie einen Neuanfang. Und da kam Felix Bieber mit seiner Idee ins Spiel.

Das Experimentieren mit saisonalen, auch regionalen Obstsorten, daneben gleichwohl solchen aus ihrem Geburtsland Brasilien, macht für Flavia Pinto de Carvalho den Charme ihres Tuns aus. Immer wieder muss etwas Neues ausprobiert werden: Kalamansi etwa, bestehend aus Mandarine und Kumquat, oder ein Ananas-Minze-Sorbet, ein Lavendel-Zitronen-Eis oder etwas aus der Wassermelone … Ergänzt wird das Sortiment durch Kaffee, andere Getränke, außerdem Torten, Apfelstrudel und köstliche Fruchtsäfte, die teilweise aus brasilianischen Früchten gemacht sind, Cupuaçu, Graviola oder, oder, …

Biebereis hat in Weimar neben dem sympathischen Café in der Windischenstraße auch einen Standort in der Erfurter Straße, eher eine Fabrikationsstätte mit Außensitzplätzen, nur zur Sommerzeit an Wochenenden geöffnet. Aber das Unternehmen liefert an zahlreiche Destinationen außerhalb Weimars, nach Jena, Erfurt, Bad Langensalza. Und Eis ist ein Renner … für die Einheimischen wie für die Weimar-Besucher. Im Mai 2020 war ein Beitrag im *foodie magazine* von großer Breitenwirkung.

Man sieht auch Felix Bieber und Flavia Pinto de Carvalho ihren Wunsch an, die Menschen mit ihren Eisprodukten, den selbstgebackenen Waffeln, dem ganzen appetitlichen Angebot ein bisschen glücklicher zu machen. Und sie erhalten beide das gewünschte Feedback, das Flavia etwa, als sie noch in der Hotelküche Eis machte, nie erleben konnte. Wie die anderen Kollegen in der Weimarer Altstadt setzen Felix Bieber und Flavia Pinto de Carvalho auf die Qualität ihrer Ausgangsprodukte: Es gibt keine künstlichen Stabilisatoren, keine künstlichen Farben, alles ist natürlich, und das schmeckt man auch.

# 22
# Cafés in Gärten

## 22.1 Café Caroline

Das Café am Herderplatz 8 ist inzwischen für die Weimarer ein fester Bestandteil ihres „Sommerprogramms". Ein Besuch in Anja Lohaus' Café – ein solches hat die frühere Familientherapeutin schon immer führen wollen – lohnt sich allemal, denn sie verwöhnt die Gäste im Sommer mit herrlich kühlen Getränken, etwa Ingwer-Zitronenwasser, mit Heißgetränken natürlich auch, kleinen Speisen – salzig und süß – zum Lunch, wie Quiches, Salate, Macarons und Pralinen. Und man fühlt sich richtig wohl in diesem Café, benannt nach Herders beherzter und kluger Frau Caroline.

Entweder entscheidet man sich dazu, sich in den alten Gewölben des Innenraums eines schon im 16. Jahrhundert (ab 1567) errichteten Vorgängerbaus des Gebäudes der Superintendentur niederzulassen, der zwischen 1620 und 1627 erweitert wurde und gegen 1720 einen nochmaligen Umbau erfuhr; oder bei schönem Wetter im Garten, wo die weißen Tische und Stühle in der wunderbar altmodischen Anlage mit zentraler Wegeführung die Fantasie wieder auf Zeitreise gehen lassen:

Über die Einfriedung durch eine hohe Mauer, die wechselnde Bepflanzung mit alten Gemüse- und Blumensorten, nur wenige Grasflächen, wird aufs Neue das in Weimar glücklich überkommene menschliche Maß vermittelt, weitab von jedem modischen Trend.

## 22.2 Café du Jardin im Garten des Kirms-Krackow-Hauses

Auch hier in der Jakobstraße 10 gibt es, wie in dem erstgenannten Café, den Außen- und den Innenraum, und auch der Innenraum ist geschmackvoll, aber einfach eingerichtet, à la française, doch der wunderbare Außenraum lässt sich nicht übertreffen. Das seit 1569 nachgewiesene Ackerbürgerhaus mit seinen Laubengängen und dem Garten ist mittlerweile *der* Weimarer Treffpunkt an schönen Sommertagen oder -abenden.

Franz Kirms (1750–1826), Jurist genauso wie sein Bruder, war Mitintendant des Weimarer Theaters unter Goethes Ägide, und daneben ebenso wie Goethe an der Botanik, von ihm jedoch als „Blumistik" bezeichnet, interessiert. Nutzpflanzen, mit Ausnahme von Spalierobst, hatten in seinem Garten keinen Platz, und das wird bis heute respektiert, denn auch in diesem Garten gilt, wie im Herdergarten ebenfalls, eine gartendenkmalpflegerische Zielstellung. Franz Kirms liebte Aurikeln und Nelken, züchtete diese sogar selbst und übertraf oft den Herzog Carl August mit seinen Ergebnissen.

Der Besucher erlebt einen mit historischer Kenntnis rekonstruierten bürgerlichen Garten des 18. Jahrhunderts. Als solcher wird er von kundigen Gärtnern gehegt und gepflegt: Mit alten englischen Duftrosensorten und Rosenbogen, mit Spalierobst, mit den typischen Buchsbaumeinfassungen der Beete und Wein am Hausgiebel, und ansonsten mit einer Vielzahl an Sorten von unterschiedlichen Stauden, ist der Garten eine Oase aus Duft, Farben und harmonischer Aufteilung – genau richtig, um eine Mittagspause, eine Kaffeestunde oder ein den Tag sanft ausklingen lassendes Glas Wein zu genießen.

Im Café-Garten des Kirms-Krackow-Hauses finden oft auch Lesungen und andere Kleinkunstveranstaltungen in der Sommerzeit statt, er ist ein sehr beliebter, gastfreundlicher Ort.

## 23
## Der Thüringer Blechkuchen und seine besondere Darbietungsweise

Die Expertise zu diesem Thema erhalte ich dankenswerterweise von einem Bäcker in vierter Generation, Stephan Rose aus Weimar, der am Herderplatz seine wunderbare Bäckerei hat. Seine Frau ist die Chefin und arrangiert die Auslagen an Brot, Brötchen, Kuchen, Torten, Plätzchen und Konfekt. Kaffee mit Kuchen wird hier auch gern in der schönen Jahreszeit draußen angeboten, und Roses sind für alle Kundenwünsche aufgeschlossen, etwa entwickeln sie für jede Hochzeit die passende Torte ...

Unser Thema ist jedoch nicht die Hochzeitstorte, genauso wenig der vorzügliche Stollen, sondern der traditionelle Thüringer Blechkuchen, und den bekommt man hier in höchster Güte, denn Stephan Rose vertraut den Rezepten von „Oma und Opa", wie er sagt. Das heißt vor allem auch, dass er keine Fertigprodukte (Backmischungen) einsetzt und nur auf Qualität setzt. Er beschafft sich das Mehl von den Mühlen in der Umgegend, und zwar aus Überzeugung, das ist für ihn bei vielen anderen Zutaten genauso.

In seinem Geschäft mit zehn Mitarbeitern, von denen sieben backen, kann er täglich etwa 10 bis 15 verschiedene Blechkuchen (und 60 hat er als Repertoire in der Hinterhand) anbieten.

Er selbst liebt die Blechkuchen ganz besonders, und ohne ein Stück von einem solchen vergeht keiner seiner arbeitsreichen Tage (er steht um halb zwei auf und kommt niemals auf acht Stunden Schlafenszeit).

Zu der erstaunten Reaktion auf die vielen Sorten sagt er schlicht: „Man entwickelt sie einfach auch weiter, es entstehen auch unwillkürlich aus ‚Unfällen' solche, und man sagt dann: Das hat doch auch geschmeckt, das ist jetzt ein neues Rezept von uns." Die beliebtesten sind die Kuchen auf der Basis von Apfel, Pflaume, Mohn und Quark, erzählt Stephan Rose. Die bunten Sorten seien auch nachgefragt, der Papageienkuchen etwa, ihm gefallen sie persönlich aber nicht so gut.

Thüringen sei einfach das Land des Blechkuchens, sagt er dann, und Constantin Beyer fügt eigene Erinnerungen aus der Kindheit hinzu:

*„Auf den Dörfern wird teilweise heute noch der Gemeinschaftsbackofen angeheizt, um Kuchen zu backen, der anschließend verteilt wird. Früher waren die Backbleche für den Blechkuchen auch rund, und es gab Holzgestelle, wo man sie bei Feiern einbringen konnte. Bei größeren Anlässen wie Taufen, runden Geburtstagen und Konfirmationen wurde eine Backfrau beauftragt oder man brachte seine Kuchen zum Bäcker oder Gemeinschaftsofen. Man musste immer sehr viele verschiedene Kuchen auftischen, das galt als gastfreundlich."*

Woher aber die Sitte kommt, in Thüringen die Kuchentafel mit Platten voller kleiner Kuchenhäppchen von Blechkuchen zu bestücken, vermag auch Stephan Rose nicht zu erklären. Von der Freude darüber, von vielen Sorten nur kleine Kostproben zu nehmen? Das könnte es sein – das Plätzchen in Kuchenform! Wobei sich hier natürlich gleichzeitig die vollendete Backkunst am besten zeigen kann: Je besser der Kuchen gebacken ist, desto besser lässt er sich auch schneiden ... also ein Leistungstest selbst im Privathaushalt?

## 24
## Travertin

Der thüringische quartäre (Beginn: vor 2,6 Millionen Jahren) Travertin[11] ist ein idealer Werk- und Dekorationsstein, den man in etwa 3 cm dicke Platten sägen kann, auch schleifen und polieren. Andere Oberflächenbearbeitungen sind gleichfalls möglich, und selbst Plastiken kann man mit ihm gestalten. Er ist porös, und daher werden die entstandenen Löcher mit polierbarem Mörtel verspachtelt.

Weimar, so haben die Weimarer Geologen Gerd Seidel und Walter Steiner 1988 geschrieben, sei die Stadt der Travertinsockel. Und sie weisen nach, dass über 60 % der hiesigen Natursteinbauten (und das meint für Weimars Altstadt die allergrößte Anzahl der Gebäude) auf solchen Sockeln ruhen, daneben tun dies aber auch viele Ziegel- und sogar einige Betonbauten. Ursprünglich errichtete man die Gebäude auf Bruchsteinfundamenten aus Travertin, ging dann im 19. Jahrhundert zu den Werksteinfundierungen über (etwa bei der Post und beim Deutschen Nationaltheater).

Steiner und Seidel empfahlen 1988, auch in der Zukunft wegen der günstigen Erhaltungssituation wieder zu Travertinsockeln zu greifen.

HIER WOHNTE
PETER
CORNELIUS
GEB.1824 GEST.1874

HIER WOHNTE
AUGUST FR.
FERDINAND
VON KOTZEBUE
GEB.1761 GEST.1819
VOLKSHOCHSCHULE
WEIMAR

Sie führten damals wirtschaftliche und ästhetische Gesichtspunkte zur Begründung an. Letztere sind es auch, die die Veranlassung waren, ein kleines Kapitel in diesem Buch dem Travertin, diesem anheimelnd warm wirkenden Stein, der mit so viel Leben ausgestattet scheint, zu widmen.

Und Travertin wurde und wird in Weimar wirklich sehr vielfältig verbaut. So in Kellern, dem Tonnengewölbe des Liszthauses etwa, aber auch als Fenstergewände und Sitznischenportale in der Renaissance, mit Vorliebe zudem für Treppenanlagen. Hier ist die Verwitterungsbeständigkeit ausschlaggebend. Dann für Mauern und Pfeiler, als Mauerbausteine (so etwa bei der Weimarer Stadtbefestigung), teils nur zur Verblendung, außerdem als Tor- und Zaunpfeiler, gelegentlich auch als Bordsteine anstelle von Granit, als Brückenbausteine neben dem Muschelkalk oder als Natursteine (Mauern) in Gärten und Parks.

Demgegenüber bestehen die verputzten Bruchsteinmauern in der Altstadt Weimars zumeist aus Muschelkalk, vermischt mit Travertin, doch findet man teils auch unverputzte Hausbauten ganz aus Travertin, vor allem in der zweiten Hälfte des 19. Jahrhunderts bis zum Ersten Weltkrieg. Solche gibt es etwa an der Belvederer Allee (Nr. 1, 4, 6, 9, 12, 17 und 19), in der Berkaer Str. 15, Abraham-Lincoln-Str. 6, Bertuchstr. 7, Tiefurter Allee 4 sowie u. a. am Felsenkeller in der Humboldtstraße. Natürlich gehört das Haus Hohe Pappeln an der Belvederer Allee 58 ebenfalls dazu. Auch im Park an der Ilm findet der Travertin oft Verwendung, prominent ist der Dessauer Stein, eine aufgerichtete, etwa 5 Meter hohe Travertinplatte aus den Steinbrüchen an der Belvederer Allee.

Im Einzelnen sind folgende Gebäude mit augenfälliger Travertinverwendung hier erwähnt: das eindrucksvolle Gebäude des Marstalls mit seinem Sockel aus Weimarer Travertin (vgl. S. 47 f.), das historische Gebäude der Herzogin Anna Amalia Bibliothek mit seinem vorwiegend aus Travertin bestehenden Sockel (vgl. S. 54 ff.) sowie die Terrasse des Goethe- und Schiller-Archivs (nur ihre Hintermauer besteht aus Ziegelsteinen) (vgl. S. 42 f.).

In Weimar verteilen sich die etwa eine Million Tonnen verbauten Natursteins (Stand 1986) im Großen und Ganzen auf 20 Gesteine. Der Travertin nimmt eindeutig den ersten Rang ein – er macht 30 % der verbauten Steine aus, ohne die Fundamente von Ziegel- und Betonbauten einzubeziehen.

Travertin wird heute noch in Weimar-Ehringsdorf abgebaut. Ursprünglich wurde das Gestein in drei Weimarer Steinbrüchen geborgen: an der Belvederer Allee, in Taubach und in Ehringsdorf.

## 25
## Die Stadtkirche Sankt Peter und Paul (im Volksmund: Herderkirche)

Ein erster Bau dieser Kirche ist für 1253 urkundlich belegt. Von dem mittelalterlichen Kirchenbau sind aufgrund von Stadtbränden 1299 und 1424 lediglich Rudimente vorhanden. Ab 1525 wurde hier die protestantische Religion von der Kanzel aus verkündet. Die Kirche erfuhr aufgrund ihrer maroden Situation einen barocken Umbau unter Herzog Ernst August von Sachsen-Weimar, ebenso wie wenig später ihre Innenausstattung. Doch ihre gotische Kanzel ist im „Inneren" (unter ihrer barocken Ummantelung) jene, von der aus schon Luther predigte.

### 25.1 Die Grabtafeln für Johann Gottfried von Herder und Herzogin Anna Amalia

Herder (1744–1803) war bekanntermaßen in Straßburg Goethes Mentor und Freund gewesen, um fünf Jahre älter als der junge Dichter und ein für die Kulturgeschichte der Völker und ihre Poesie brennender Reformtheologe seiner Zeit. Als Goethe in Weimar eingetroffen war, schlug er

dem Herzog vor, Herder in die Stadt zu berufen. Die Stelle des Landessuperintendenten, also des wichtigsten Predigers im Fürstentum, der gleichzeitig die Oberaufsicht über alle (damals protestantischen) Schulen zu führen hatte, war neu zu besetzen.

Herder kam und befreundete sich umgehend mit Wieland und der kunstsinnigen Herzogin Anna Amalia. Sein freundschaftliches Verhältnis mit Goethe erkaltete leider im Laufe der Zeit, denn er fühlte sich, in Relation zu seinem Freund, zu wenig durch den Herzog ästimiert. Ihn nahm er im Vergleich zu sich selbst als überschätzt wahr. Und spätestens seitdem sich Goethe 1794 immer enger an Schiller anschloss und beide sich hinsichtlich der Einschätzung der Französischen Revolution und der Philosophie Immanuel Kants von Herders Standpunkt wegbewegten, entfremdeten sich die Freunde einander, und daran sollte sich bis zum Tod Herders nichts mehr ändern.

Die Grabplatte aus Gusseisen im klassizistischen Stil hatte Herzog Carl August 1819 für Herder gestiftet: Er ist der letzte Generalsuperintendent von Sachsen-Weimar, der in der Kirche, in der er immer gepredigt hatte, beigesetzt und erinnert wird. Die Platte ist mit Herders Wahlspruch „LICHT – LIEBE – LEBEN“ und seinen Lebensdaten geschmückt. Das den Wahlspruch umrahmende Symbol ist eine sich in den Schwanz beißende Schlange (Uroboros), deren Haupt und Schwanzende von einer Glorie umgeben sind. Diese Bildidee hatte Herders Schweizer Freund Johann Georg Müller dessen Siegel entnommen, und eindeutig weist das Symbol auf die Zugehörigkeit Herders zum Freimaurerorden hin.

Nur wenige Meter von dieser Platte entfernt, an der Südwand des Chores, also im Altarraum, findet sich die noch schlichtere Grabtafel aus Lindenholz für die verwitwete Herzogin Anna Amalia von Sachsen-Weimar (1739–1807), die erst 1822 im Auftrag ihres Sohnes, Herzog Carl August, entstand. Kein Motto ziert diese, lediglich Anna Amalias Reliefporträt, ihr Name, ihr Titel und ihre Lebensdaten. Einfacher könnte sie nicht gestaltet sein.

Dennoch: Wie sinnig ist diese Nähe der beiden, die Freunde im Leben waren – und nun im Tod. Herzogin Anna Amalia war die letzte Person, die in der Stadtkirche bestattet wurde (dieses Recht besaßen nur die Superintendenten und die Angehörigen des Hauses Sachsen-Weimar und Eisenach).

## 25.2 Der Cranach-Altar

Allein dieser Altar ist es schon wert, nach Weimar zu kommen, ein großes Werk der sächsisch-thüringischen Kunst des 16. Jahrhunderts und ein Programmbild der Reformation zugleich, also ein Bild des Glaubens, der damals ein Politikum war. Außerdem ist der Altar unbedingt der Blickfang, wenn man in die wunderschön restaurierte Stadtkirche eintritt. Von 2010 bis 2015 wurde auch er restauriert und war danach endlich wieder mit allen seinen Flügeln sichtbar.

Von Lucas Cranach d. Ä. 1552 entworfen und begonnen, wurde er von seinem Sohn Lucas Cranach d. J. 1555 vollendet. Die drei Söhne des Kurfürstenpaares Johann Friedrich und Sibylle von Jülich-Cleve-Berg (beide Anfang 1554 gestorben) stifteten das Werk zur Erinnerung an ihre verstorbenen Eltern, die ebenfalls in unmittelbarer Nähe zum Altar begraben sind und erinnert werden. All diese historischen Personen sind auf dem Bild dargestellt, nichts Ungewöhnliches, was die Auftraggeber auf den Seitenflügeln betrifft. Ungewöhnlich genug jedoch, dass sowohl der Vater des Künstlers, Lucas Cranach d. Ä., als auch Martin Luther, der Begründer der protestantischen Lehre, ebenfalls prominent und sogar im Bild selbst, also inmitten der Kreuzigungs- und Auferstehungsgeschichte, platziert sind. Die Tatsache, dass der Altar 1555 vollendet wurde, dem Jahr des Augsburger Religionsfriedens, ermöglichte höchstwahrscheinlich erst diese selbstbewusste Bildkomposition: In dem zwischen 1523 und 1525 sich nach und nach zur Reformation bekennenden Sachsen-Weimar konnte es nun keinerlei Anfechtungen gegen den von Luther her stammenden protestantischen Glauben geben.

Dass das Gemälde die neue lutherische Lehre von Gesetz und Gnade darstellt, dass die neue Lehre wie in der *biblia pauperum* der früheren Zeiten mit Hilfe der christlichen Ikonografie ins Bild gesetzt wird, muss heute vielfach mühsam vermittelt werden, aber jeder Zugang zu diesem Bild lohnt sich. Und als Geheimtipp kann ich nur den Forscher- und Entdeckerraum im ersten Obergeschoss der Kirche weitergeben, den man auf Anfrage besuchen und benutzen kann[12]: Klassen, kleinere Gruppen oder auch Familien können hier in einem eineinhalbstündigen spielerischen oder forschenden Aufenthalt sehr viel Aufschluss über den Altar und die biblischen Inhalte finden, die er birgt. Ein wahrer Kosmos von neuen Erkenntnissen, aus allen Wissensgebieten und im kreativen Sektor, wird sich rein über vier zentrale Symbole, die der Altar zeigt, erschließen: den Engel, die Schlange, das Schaf und das Blut.

Kunsthistorisch und zugleich theologisch fundiert ist über den Altar geschrieben worden.[13] Ich beschränke mich auf einige wenige Hinweise zu den vier Dingsymbolen, die in einem studentischen Projekt als zentral ausgemacht wurden für das Verständnis des Bildes und der damals, zur Entstehungszeit des Altars, neuen protestantischen Religion. Es sind insgesamt Symbole, die außerdem in zahlreichen weiteren Kontexten als dem der Religion ihren Stellenwert haben, also von universaler Bedeutung sind.

Allgemein geht es im Bild um die Erlösung des sündigen Menschen durch den Opfertod und die Auferstehung Christi: Lucas Cranach, als betender Christ dargestellt (nach seinem Tod durch seinen Sohn so konzipiert), wird durch den Blutstrahl der erlösenden Gnade aus Christi Wundmal an der Seite getroffen. Am Fuß des Kreuzes ist Christus als das Lamm Gottes zu sehen, mit einer Fahne, deren Inschrift auf Deutsch lautet: „Siehe, das ist das Lamm Gottes, das die Sünde der Welt trägt." Im Hintergrund sieht man eine Szene aus dem Alten Testament, die Aufrichtung der ehernen Schlange als einer Versuchung. Einen Engel schließlich, also Boten, können wir zur Linken des Gekreuzigten von seinem Lendenschurzband aus schwebend ausmachen. Der Bote trägt die Botschaft der neuen Religion (mit ihren Säulen: sola scriptura, sola gratia, sola fide[14]) in die Welt. Diesem vielfarbigen Bild sind zwei Seitenflügel zugeordnet, die zur Rechten die Stifter, die Söhne der verstorbenen ehemaligen Kurfürsten zeigen, zur Linken diese selbst.

Auf vielfältigem Wege, natürlich auch im Netz, kann man den Cranach-Altar erfahren, doch ein Besuch von Angesicht, am Ende mit einer besonderen Führung, ist allemal am lohnendsten.

## 26
## Die Jakobskirche

Die Jakobskirche, umgeben vom Jakobskirchhof, ist das Zentrum der ehemaligen Jakobsvorstadt (dieser Bezirk befand sich außerhalb der Stadtmauern) und die älteste Kirche Weimars. Eine romanische Vorgängerkirche des heute barocken Baus wurde 1168 geweiht. 1530 wurde der Jakobskirchhof zum alleinigen Begräbnisort Weimars erklärt. Inzwischen nutzte man die Kirche nur noch bei Bestattungen als Sakralort, Anfang des 18. Jahrhunderts war sie gar einsturzgefährdet. So wurde 1712 durch Herzog Wilhelm Ernst ein Neubau an der gleichen Stelle angeordnet. Nach dem Brand des Residenzschlosses 1774 diente die Kirche (bis 1918) als Hof- und Garnisonskirche.

Auch die Trauerfeier für Schiller am 12. Mai 1805 fand in der Jakobskirche statt. Diese Entscheidung ist leicht verständlich, wenn man an Schillers Begräbnis in der Nacht vom 11. auf den 12. Mai 1805 im der Kirche benachbarten Kassengewölbe auf dem Jakobskirchhof denkt.

### 26.1 Das Kassengewölbe auf dem Jakobskirchhof

Um 1715 errichtet, stand das Kassengewölbe (es gehörte dem Weimarischen Landschaftskassen-Direktorium) für Verstorbene von Rang oder Geburt offen, deren Familien kein eigenes Erbbegräbnis finanzie-

ren konnten – die dem Adel ursprünglich vorbehaltene Begräbnisstätte unter dem Turm der Jakobskirche war damals überfüllt: So entstand der ursprüngliche Name „(Landschafts-)Kassengewölbe".

Schiller, der vom Herzog geadelt worden war, wurde also im Kassengewölbe bestattet – ein zu dieser Zeit völlig gutzuheißender Vorgang, der aber, je länger der Dichter tot war, in ganz Deutschland mehr und mehr Entrüstung hervorrief: Schiller, der Dichter der Deutschen, der Freiheit, begraben an unwürdigem Ort! So wurde es verbreitet – das konnte nicht ewig gut gehen.

1826 kam es zunächst zu der Entscheidung, das inzwischen mit 64 Beisetzungen überfüllte Kassengewölbe zu schließen. Im Zuge dessen sollten Schillers Gebeine, so setzte es der damalige Weimarer Bürgermeister (und „Schiller-Fan") Carl Leberecht Schwabe durch, exhumiert werden. Allein 23 Schädel, von denen Schwabe in einem Akt intuitiver Erkenntnis den größten als den Schillers identifizierte und einem entsprechend großen Skelett zuordnete, konnte er in einer nächtlichen „Kampagne" bergen. Dieser Schädel wurde der Bibliothek übergeben, die unter Goethes Oberaufsicht stand. Kurz nach seiner Einbringung in ein kleines Schränkchen unter der Dannecker-Büste Schillers wanderte er dann rasch in Goethes Arbeitszimmer, wo er auf einem Samtkissen, mit Glassturz überwölbt, ein gutes Jahr zur Inspiration Goethes bei seinen osteologischen Studien und der Abfassung seiner „Terzinen", des späten Natur-Geist-Gedichts *Bei Betrachtung von Schillers Schädel,* zu dienen hatte. Für den Besuch des bayerischen Königs kam er ein Jahr später rasch wieder in die Bibliothek, wo der König den „huronenmäßigen" Umgang mit dem Schiller-Schädel kritisierte, was für den Großherzog ein Motiv war, die Errichtung der Fürstengruft auf dem Historischen Friedhof voranzutreiben ... (vgl. S. 110f.)

## 26.2 Das Grab Christiane von Goethes

Lange war die Grabstelle Christiane von Goethes (1765–1816), entsprechend dem Todschweigen oder Ignorieren ihrer Person und ihrer Bedeutung für Goethe, sein Wohlergehen und entsprechend seine Arbeitskraft, in Vergessenheit geraten. Mit der Erhöhung des Dichters zu einem Dichtergott ging schon zu ihren Lebzeiten eine Herabwürdigung ihrer Person einher. Sehr zu Unrecht, denn Christianes frischem, munterem

Wesen verdankten es die Mitmenschen und die Nachwelt, dass er trotz einer starken Belastung durch administrative Aufgaben dennoch seine Kreativität behielt, seine Freude am Leben und an wechselnden Besuchern, die sie auf seinen Wunsch hin bewirtete. Sie befriedigte alle Wünsche Goethes nach Komfort, nach guten Speisen, nach frischen Gartenerzeugnissen, und sie war ihm in allen Sorgen eine pragmatische Ratgeberin. Anders als man vermuten könnte, hat er Christiane auch bei der Abfassung seiner Werke immer wieder eingebunden, indem er ihr diese zum Lesen gab und ihren Kommentar erbat.

Nach dem Tod des letzten Goethe-Enkels Walter von Goethe beschloss, denkwürdig genug, die neu gegründete Goethe-Gesellschaft 1886 auf ihrer ersten Hauptversammlung, die Grabstätte Christiane von Goethes auf dem Jakobsfriedhof finden zu wollen und der Öffentlichkeit als Memorialort wieder zur Verfügung zu stellen. Dahinter stand eindeutig der Wunsch, etwas seitens der Enkel Versäumtes durch die zivilbürgerliche Gesellschaft zu heilen. Die Entdeckung des Grabes, bereits 1888, verdanken wir Dr. Karl Kuhn, dem Schriftführer der Goethe-Gesellschaft. Es handelt sich bei dieser Grabstätte um eine liegende Platte aus dunklem Stein – die Gestaltung wurde mehrfach verändert.

Goethe, 16 Jahre älter als das kleine „Naturwesen" Christiane, wie er sie anfangs oft nannte, überlebte seine bis fast zuletzt noch sehr vitale und immer gesunde Frau um weitere 16 Jahre: Vermutet wird heute als Krankheits- und schließlich Todesursache Christianes ein Stirnhirntumor, der ihre sich ab 1815 häufenden epileptischen Anfälle verursacht haben könnte.[15] In der Folge war sie immer öfter krank oder sehr krank, wie sie ihrem Tagebuch anvertraute.

Am 6. Juni 1816 starb Christiane nach unzähligen sie quälenden Anfällen, aber alle in Bewusstlosigkeit. Sie selbst hatte ihr Leiden nicht wahrnehmen können. Der Anblick von Epileptikern während eines Anfalls ist selbst für Ärzte oft genug verstörend, wie dann nicht für die Bediensteten, wie dann nicht für Goethe? Der in der Tat selbst krank wurde, als Christiane auf dem Totenbett lag, und sie in den letzten Tagen ihres Lebens nicht mehr gesehen hatte.

Ihm mangelnde Anteilnahme vorzuwerfen, trifft nicht den Kern. Wie in anderen Fällen, etwa beim Tod der Frau von Stein oder auch Schillers, waren es zu große Anteilnahme und eigene Krankheit, die ihn hinderten, sich sorgend um Christiane zu bemühen. Er schrieb zu ihrem Andenken noch am Todestag das Gedicht, das als Grabspruch den Stein ziert:

*„Du versuchst, o Sonne, vergebens,*
*Durch die düstren Wolken zu scheinen!*
*Der ganze Gewinn meines Lebens*
*Ist, ihren Verlust zu beweinen."*

## 26.3 Die Sakristei an der Jakobskirche

Erneut handelt es sich um einen Ort, der einen starken Goethebezug hat. Gehen wir zurück in der Zeit, in das Jahr 1806, als Weimar nach der Schlacht von Jena und Auerstedt zahlreichen Plünderungen ausgesetzt war und die französischen Truppen bei vielen Bürgern als Einquartierung lebten, so auch im Hause Goethes, dessen Ausräuberung Christiane Vulpius mit Umsicht und ruhiger Freundlichkeit verhinderte, indem sie die Offiziere und ihre Leute großzügig mit Essen und Wein versorgte. Ihr hatte es Goethe zu verdanken, dass weder er selbst noch sein Hab und Gut in Mitleidenschaft gezogen worden waren. Und so beschloss er in den Tagen nach der Niederlage, dieser Frau, die seit 1788 seine Gefährtin und bald Mutter seines einzigen Sohnes August geworden war, endlich eine bürgerliche Existenz

zu gewähren, indem er sie in einer kirchlichen Zeremonie heiratete, wodurch sie auch unmittelbar Anspruch auf den Titel der Geheimrätin hatte, denn so war das damals: Die Ehefrau musste mit dem Titel des Ehemanns angesprochen werden. Mit diesem Brief, dessen Original im Goethe- und Schiller-Archiv in Weimar liegt, erbat er, mit Christiane Vulpius getraut zu werden:

*„Des Herrn Oberkonsistorialrath*
*Günther*
*Wohlgeb.*

*per 17 Oct 1806*

*Diese Tage und Nächte ist ein alter Vorsatz bey mir zur Reife gekommen; ich will meine kleine Freundin, die so viel an mir gethan hat und auch diese Stunden der Prüfung mit mir durchlebte völlig und bürgerlich anerkennen, als die Meine. Sagen Sie mir würdiger geistlicher Herr und Vater wie es anzufangen ist daß wir sobald möglich, Sonntag, oder vorher getraut werden. Was sind deßhalb für Schritte zu thun? Könnten Sie die Handlung nicht selbst verrichten, ich wünschte daß sie in der Sacristey der StadtKirche geschähe. Geben Sie dem Boten wenn er Sie trifft gleich Antwort. Bitte!*

*Goethe"*

Die Ehe wurde also auf Goethes Wunsch hin am 19. Oktober 1806, nicht in der Kirche selbst, die als Notlazarett diente, sondern in ihrer Sakristei vollzogen, einem einfachen Raum. Für den Wunsch war vielleicht auch noch etwas anderes maßgeblich: Schon einmal waren Goethe und Christiane dort die Hauptpersonen eines wichtigen sakralen Akts geworden, nämlich der Taufe ihres Sohnes August. Taufpaten wurden Christianes Tante Juliane und Herzog Carl August, der aber an der Zeremonie nicht persönlich teilnahm. Johann Gottfried Herder hatte die Taufe vollzogen, und deutlich war, dass sie damals auf keinen Fall in der Kirche selbst stattfinden durfte, da August ein uneheliches Kind war. In vergleichbaren Fällen taufte man uneheliche Kinder in der Stille der Häuslichkeit der Eltern bzw. der Mutter. Insofern liegt es nahe, dass Goethe und Christiane die Sakristei der Jakobskirche zu ihrem persönlichen Sakralort erklärt hatten, der vielleicht auch ihrem kirchenfernen Religionsverständnis am besten entsprach: zur Kirche gehörig, aber nicht im Zentrum derselben.

Mit der Eheschließung seiner Eltern änderte sich auch für den Sohn August Entscheidendes hinsichtlich seiner gesellschaftlichen Anerkennung im kleinen Weimar.

27

# Die katholische Herz-Jesu-Kirche

Es ist besonders die exponierte städtebauliche Lage, die einen imposanten Eindruck vermittelt. Am August-Frölich-Platz, der Einmündung der alleeartigen Steubenstraße und der ruhigen Wohnstraße Paul-Schneider, der Hoffmann-von-Fallersleben- und der Washingtonstraße stellt die Kirche, die sich als eine Miniatur des Florentiner Doms präsentiert, eine steinerne Fermate zum fließenden Verkehr dar: Unerwartet an dieser Stelle für jeden von außen Kommenden, und plötzlich doch sehr stimmig, obwohl sie nicht, wie die allermeisten Kirchen, geostet, sondern gewestet ist. Dies ist ebenfalls der städtebaulichen Situation geschuldet. Man sieht sie sich gern an, hört gern ihr Geläut und immer wieder auch großartige Orgelmusik aus dem Kircheninnern. Zusammen mit der Lottenmühle hinter ihr, dem katholischen Pfarrhaus, bildet sie ein Ensemble von großer Ruhe, ein Garten tut das Übrige, um zur geistigen Sammlung einzuladen.
Die Gottesdienste sind zumeist sehr gut besucht, die Gemeinde zählt 4000 Mitglieder – die Herz-Jesu-Kirche ist auch das einzige katholische Got-

teshaus in Weimar, abgesehen von der kleinen Karmelkirche in Weimar-Schöndorf im Norden der Stadt. Katholiken hatten in Weimar nach der Reformation natürlich keinen guten Stand und kein Recht, Gottesdienste abzuhalten. Dies wurde ihnen erst wieder 1774 eingeräumt. Dann konnten sie ihren Gottesdienst für Jahre im Jägerhaus an der Marienstraße abhalten, bis schließlich 1863 eine europaweite Spendenaktion für einen neuen Kirchenbau durch den damaligen katholischen Pfarrer und einen sachsen-weimarischen Kammerherrn durchgeführt wurde, die Erhebliches einbrachte. Die nächsten 20 Jahre vergingen dann mit der Verfertigung und dem Verwerfen mehrerer Bauentwürfe, bis schließlich der Limburger Dombaumeister Max Meckel unentgeltlich eine Entwurfszeichnung machte, die mit zahlreichen Abänderungen, die hauptsächlich Wünsche des Großherzogs Carl Alexander berücksichtigten, schließlich akzeptiert wurde. Dieser hatte sich etwa eine Kuppel und einen seitwärts stehenden Turm gewünscht, so wie er es in Florenz so geschätzt hatte. Zwischen 1889 und 1890 wurde der Bau errichtet, 1895 feierlich eingeweiht. An alten Ausstattungsstücken gilt es im Wesentlichen ein spätgotisches bemaltes Kruzifix des Saalfelder Meisters Hans Gottwald von Lohr aus dem frühen 16. Jahrhundert im Chor zu bewundern.

Und dann die Orgel. Hier habe ich den Orgel- und Liszt-Spezialisten Prof. Michael Kapsner als Gesprächspartner gewinnen können, dessen Lieblingsprojekt über viele lange Jahre hinweg die Installierung dieser Orgel und ihre optimale Ausstattung gewesen ist. Er hat mir auf die Frage, warum die Orgel „Franz-Liszt-Gedächtnis-Orgel" heißt, geantwortet:

*„Franz Liszt, der jahrzehntelang am Harmonium im damaligen Betsaal der (damals noch sehr kleinen) Weimarer katholischen Kirchengemeinde Gottesdienste musikalisch (mit)gestaltet hat, hat sich sehr aktiv für den Bau einer katholischen Kirche in Weimar eingesetzt, die Fertigstellung der Herz-Jesu-Kirche jedoch nicht mehr persönlich erlebt. Mit dem Orgelbau, der pünktlich zum 200. Geburtstag von Franz Liszt im Jahr 2011 vollendet werden konnte, haben sowohl die katholische Kirchengemeinde, deren Mitglied Liszt war, als auch die Hochschule für Musik, deren Namenspatron er ist, Franz Liszt ein gemeinsames Denkmal gesetzt. Das Klangkon-*

*zept der ‚Franz-Liszt-Gedächtnisorgel' erwächst aus der großen Tradition der mitteldeutschen Orgellandschaft mit dem besonderen Akzent Thüringen, der sich durch eine exzeptionell stringente Kontinuität vom Barock hin in die (Früh-)Romantik auszeichnet. Die Weimarer Orgel entwickelt diesen Ansatz weiter bis hin zur Spätromantik, wobei die technischen Errungenschaften einer modernen Orgel (wie z.B. eine elektronische Setzeranlage oder elektrische Transmissionen) integriert werden. Die Orgeln in Merseburg und Denstedt, mit denen sich Liszt* ausgiebig *beschäftigt hat, dienten ebenso als Vorbild wie die berühmte Trost-Orgel in Waltershausen, deren mechanische Transmissionen vom Manual ins Pedal hier – aufgrund der Architektur des Instruments – eine ganz* besondere *Bereicherung der Registriermöglichkeiten darstellen. Singulär sind innerhalb dieses stilistischen Kontexts die dynamischen Möglichkeiten zweier Schwellwerke sowie ein extrem leiser pianissimo-Bereich. Die Synthese der technisch-klanglichen Errungenschaften verschiedener Epochen prädestiniert das Instrument für die deutsche Orgeltradition von Bach bis Liszt hin zu Reger, ermöglicht aber aufgrund seiner klanglichen Authentizität darüber hinaus auch eine überzeugende Darstellung anderer Stilbereiche. Um diese Orgel adäquat zu spielen, braucht es eine(n) verständige(n) Spieler(in), die(der) die Originalinstrumente der vielfältigen mitteldeutschen Orgellandschaft kennt und schätzt."*

Und man kann sich vorstellen, wie schön es ist, an einem dunklen Abend, nach Hause kommend oder ausgehend, die hellerleuchteten Glasfenster der Herz-Jesu-Kirche zu erblicken und beruhigendes oder begeisterndes Orgelspiel aus ihr heraus zu vernehmen.

## 28
## Der Historische Friedhof

Neben dem Ilmpark ist der Historische Friedhof ein weiterer großer innerstädtischer Grünzug Weimars. Schon Jahre vor seiner Einweihung am Karfreitag 1818 war das neue Friedhofsgelände durch Großherzog Carl August bestimmt worden: Der Schießplatz südlich des Poseckschen Gartens wurde durch eine Schenkung Carl Augusts zum neuen Friedhof, und der Stadtrat hatte ein weiteres Grundstück dazugekauft. Damals betrug seine Fläche 8 ½ „Acker", also je nach ortsüblicher Berechnung des

Flächenmaßes Acker mindestens 45.000 m² oder sogar noch mehr. Vorbilder waren die Herrnhuter Anlagen und der Dessauer Friedhof: Eine Längsallee teilt das trapezförmige, ansteigende Gelände mit (heute) sehr altem Baumbestand – eine Oase der Ruhe, durch Vogelzwitschern belebt. Das Wegenetz des stimmungsvollen Friedhofs bildet, vom ursprünglichen Eingangstor im Osten aus betrachtet, ein Kreuz mit einem Rondell am Kreuzungspunkt.

Auch im heißen Sommer ist der Friedhof ein kühler Ort. Die vielen Gräber historisch bedeutsamer Personen lohnen den Besuch, ja machen ihn zu einem Gang durch Weimarer und deutsche Kulturgeschichte: Neben den illustren Grabstätten in der Fürstengruft (vgl. S. 110 f.) und dem Grab der russischen Zarentochter Maria Pawlowna in ihrer russisch-orthodoxen Grabkapelle (vgl. S. 111 ff.) ruhen hier etwa Goethes „Kunscht-Meyer", Goethes treuer Eckermann, sein Bibliothekar Riemer, der Hofkapellmeister Johann Nepomuk Hummel und dann natürlich die Goethe'sche Familie – mit der Ausnahme Christianes, die auf dem Jakobsfriedhof bestattet wurde (vgl. S. 102 ff.) –, also seine Enkel Alma, Walther Wolfgang, Wolfgang Maximilian, seine Schwiegertochter Ottilie und deren Mutter sowie die zur Familie gehörende Kinderfrau seit 1809, Wilhelmine Bachstein. Auch Charlotte von Steins Grab findet sich hier, das des „Freundes der Kinder" Johannes Daniel Falk und seiner gesamten Familie, außerdem die Grabstätten weiterer wichtiger Weimarer Familien und Einzelpersönlichkeiten bis weit in das 20. Jahrhundert hinein.

Zwischen 1823 und 1828 wurde dann die bei aller Einfachheit würdige Fürstengruft errichtet, nach dem Entwurf des sehr erprobten Weimarer Baumeisters des Klassizismus Clemens Wenzeslaus Coudray. Die Treppe im Inneren des Gebäudes führt in die eigentliche Gruft.

Die Fürstengruft wurde zwischen 1822 und 1827 (nach aktuellen Angaben der Klassik Stiftung Weimar zwischen 1823 und 1828) errichtet. Schon 1824 wurden 40 Särge mit den Überresten verstorbener Angehöriger der fürstlichen Familie aus der ehemaligen Schlosskirche dorthin überführt. Großherzog Carl Augusts Wunsch stand fest, gemeinsam mit Goethe und Schiller seine letzte Ruhe hier zu finden.

Und also hatte die Exhumierung von Schillers Gebeinen stattzufinden (vgl. S. 110 f.) und schließlich deren Beisetzung in der Fürstengruft.

## 28.1 Schiller in der Fürstengruft

Schon im Vorfeld konnten von kritischen Geistern Einwände vorgebracht werden, was die Echtheit der Schiller'schen Gebeine in jenem Sarg mit der Aufschrift „Schiller“ anging. Allzu seltsam war deren Bergung im Kassengewölbe auf dem Jakobsfriedhof verlaufen, die der Weimarer Oberbürgermeister Schwabe in seiner nächtlichen Grabung 1826 vorgenommen hatte. Dass in jener Nacht 23 Schädel aus der Gruft zutage gefördert wurden und in einer spontanen Identifikation nur einer als der Schillers erkannt worden war, der größte, denn Schiller war im Leben groß, ist eine fast zum Lachen anregende Geschichte, aber all diese Umstände waren bekannt und reizten die Wissenschaftskreise zu Zweifeln. Und die Tatsache, dass Schillers Gebeine, oder was man dafür hielt, in der Fürstengruft 1828 beigesetzt wurden, in einem Sarg, der mit „Schiller“ bezeichnet war, konnte die Zweifel, je länger, je stärker vorgetragen, nicht zerstreuen. Das währte das gesamte 19. Jahrhundert, und es spielte mit Sicherheit eine Rolle, dass Goethe seine Auseinandersetzung mit dem Schiller-Schädel auch in ein Gedicht gefasst hatte, dass bekannt war, wie stark die Freundschaft zwischen Goethe und Schiller war und dass Schiller durch Goethes Zutun eine letzte Heimstatt in der Fürstengruft erhalten hatte.[16]

1911 schließlich hatte der Nachfahr einer wichtigen Weimarer Familie, August von Froriep, Arzt und Anatom in Tübingen, die Erlaubnis erwirkt, erneut im Kassengewölbe zu graben, und erkannte schon früh einen Schädel mit im Wesentlichen gut erhaltenem Oberkiefergebiss, dem er einen unweit liegenden Unterkiefer zuordnete, als den wahren Schiller-Schädel (bekannt war, dass Schiller ein sehr gutes Gebiss besaß). Dem Vergleich mit Schillers Totenmaske hielt dieser Schädel allerdings weni-

ger stand als der Schwabe-Schädel von 1827. Auch bei der Zuordnung von Skelettknochen zu dem Schädel waren es sehr intuitive Aktionen, die Froriep zu einem Ergebnis brachten, dem gleichwohl kaum widersprochen wurde. Ergebnis war, dass Frorieps Funde in einem zweiten Sarg ebenfalls in der Fürstengruft bestattet wurden, der Sarg jedoch ohne Etikett blieb.

Erst 1961 kam es durch den russischen Anthropologen Gerassimow zu einer nun wiederum den Schwabe-Schädel favorisierenden Gesichtsrekonstruktion Schillers, die eine verblüffende Ähnlichkeit mit Porträts und Büsten des Dichters aufwies ... bis dato blieben die Streitigkeiten im Raum, Anthropologen verhakten sich in ihren Interpretationen. Damals stellte sich übrigens auch heraus, dass Goethes Leichnam sich im Sarg aufgrund einer wohl im Zusammenhang mit dem Kriegsgeschehen erfolgten Öffnung des Sarges zersetzt hatte ... erst 1970 reagierte man hier und „bereinigte" die Sargsituation ...[17]

2006 begann die Klassik Stiftung Weimar, angeregt durch den Mitteldeutschen Rundfunk, der die Untersuchung medial begleiten wollte, nach Fachleuten zu suchen, die Schillers Schädel genetisch auf die Spur kommen sollten. In zweijähriger akribischer Forschung, die mit der Exhumierung von Schillers Schwestern Luise und Christophine und seinen Söhnen einherging, konnte der Code endlich geknackt werden.

Das Ergebnis war spektakulär für die einen, frustrierend für die anderen, denn keiner der für Schiller gehaltenen Schädel ist derjenige Schillers, der Froriep-Schädel gehört jedoch immerhin einer wichtigen Figur des Goethe-Umkreises: Anna Amalias scharfzüngiger Hofdame Luise von Göchhausen, auch sie als besitzlose Adlige im Kassengewölbe bestattet.

Und bis zuletzt umwogt ein Mysterium Schillers Tod und seine Bestattung. Die Hypothese, dass Schillers Schädel bereits kurz nach seinem Tod von den damals modemäßig tätigen Schädelforschern à la Gall entwendet wurde, kann jedenfalls nicht gänzlich verworfen werden ... die rezenten Untersuchungen haben letztlich dazu geführt, dass die beiden Särge in der Fürstengruft seitdem leer sind.

Die Gebeine befinden sich im Thüringer Museum für Ur- und Frühgeschichte, wo sie auch untersucht wurden.

## 28.2 Die russisch-orthodoxe Grabkapelle für Maria Pawlowna

Im November 1804 brachte der Weimarer Thronfolger Carl Friedrich seine junge Gemahlin, die Zarentochter Maria Pawlowna, aus St. Petersburg nach Weimar, ein Prozess von fünfjährigen Verhandlungen war

zu Ende gegangen. Die 18-Jährige war sehr müde von der langen Reise, aber beantwortete den jubelnden Empfang mit großer Dankbarkeit, Würde und Grazie.

Sie sollte zu einem Segen für das Fürstentum werden: Nicht nur ihre Mitgift war enorm, auch ihre Apanage, ihr Interesse für ihre neue Heimat, deren Literatur (samt den Verfassern derselben), für die Musik, für den Wohlstand in Sachsen-Weimar. In zahlreichen Sektoren setzte sie sich ein; insbesondere nach den Napoleonischen Kriegen, einer Zeit, in der sie vielfach aus politischen Gründen im Exil leben musste, konnte sie durch die Etablierung einer staatlich gestützten und privat durch Spenden zusätzlich geförderten Wohltätigkeitsorganisation sehr viel Gutes tun. Sie überlebte ihren Mann Carl Friedrich um sechs Jahre und starb, als nach wie vor tiefgläubige russisch-orthodoxe Christin, am 23. Juni 1859 in Schloss Belvedere bei Weimar, das sie sehr geliebt hatte.

Schon zwei Jahre zuvor hatte sie ein ausführliches Testament verfasst und beim Großherzoglichen Kreisgericht in Weimar hinterlegt, wo es neben vielen einzelnen Punkten und Legaten im 23. Artikel auch um den Modus ihrer Bestattung geht:

*„Ich will, dass meine irdischen Überreste in der Großherzogl. Gruft auf dem hiesigen Gottesacker in möglichster Nähe bei dem Sarge meines verstorbenen Gemahls bestattet werden und zu dem Ende einer der hier befindlichen zwei Kirchen meines Glaubens an die Gruft angebaut werde, und versehe ich mich zu meinem vielgeliebten Sohn, dem Großherzog, dass er diesen meinen Willen mit gewissenhafter Treue zur Ausführung bringe.“*[18]

All ihren Verfügungen wurde entsprochen. Maria Pawlowna wurde nach dem Ritus der russisch-orthodoxen Kirche in der „griechischen Kapelle“ (so nannte man diese erste Kirche Maria Pawlownas an der Ackerwand im Haus der Frau von Stein, wo Maria täglich den Gottesdienst besucht hatte) aufgebahrt, nach ihrem Wunsch in einem geschlossenen Sarg. Vier Tage später, unter der Begleitung zahlreicher auswärtiger Gäste, vor allem aus anderen russisch-orthodoxen Gemeinden in Deutschland, wurde sie am südlichen Ende der Fürstengruft begraben, dort, wo in ihrem Auftrag eine russisch-orthodoxe Grabkapelle/Kirche durch Ferdinand Streichhan entstehen sollte.

Die russische Großfürstin und sachsen-weimarische Großherzogin Maria Pawlowna ruht, so wie sie es wollte, in russischer Erde, die zur Grundsteinlegung aus Russland herbeigeschafft wurde. Die russisch-orthodoxen Christen aus Weimar und Umgebung feiern hier bis heute ihre Gottesdienste.

## 28.3 Die Erweiterung des Historischen Friedhofs mit dem Märzgefallenen-Denkmal von Walter Gropius

Das ursprünglich dem Friedhof gewidmete Grundstück war schon bald wieder zu klein geworden und konnte im Norden, dort, wo der Friedhof an den Poseckschen Garten grenzt, 1862 erweitert werden, in eben der parkartigen Anordnung der Gräber mit vielen Freiflächen, wie wir sie heute kennen. Es folgten Erweiterungen in den Jahren 1874 und 1890 im Süden des historischen Teils des Friedhofs. Vielfach zeigt er neben dem Gedenken an verstorbene Einzelne, die besonders im Ursprungsteil die Illustren der Weimarer Kulturgeschichte fast vollständig repräsentieren, auch das kollektive Gedenken an ganze Gruppen: Hier spiegelt sich die Ereignisgeschichte anschaulich ab. So haben wir rechts des ansteigenden Hauptwegs den Teil, der den gefallenen Weimarer Soldaten aus dem Krieg 1870/71 gewidmet ist, dann die Gemeinschaftsgräber für die Opfer der Bombenangriffe auf Weimar und Buchenwald neben 3151 Soldatengräbern aus dem Zweiten Weltkrieg. Den Opfern in Buchenwald wurde 1948 ein Gedenkstein gewidmet, die nach 1945 verstorbenen antifaschistischen Widerstandskämpfer erhielten einen Ehrenhain auf dem Friedhof.

Ein Denkmal jedoch sticht von all den anderen deutlich ab, durch seine Anmutung vor allem: Es wirkt wie ein meteorartig versteinerter Blitz. Das Beton-Denkmal geht auf den Entwurf Walter Gropius' zurück, der es in Erinnerung des Kapp-Putsches und seiner Opfer in Weimar planen wollte.

Im März 1920 hatte der rechtsradikale Politiker Wolfgang Kapp zusammen mit General Walther von Lüttwitz den Versuch unternommen, gegen die Reichsregierung zu putschen. Die versammelte Arbeiterschaft

Weimars wollte diesen Putschversuch verhindern und sah dafür als probates Mittel den Generalstreik an. Die Arbeiter bewaffneten sich zudem. Daraufhin wurde regierungsseitig der Ausnahmezustand ausgerufen. Dennoch streikten die Arbeiter und versammelten sich im Volkshaus (den Zusammenkünften der Sozialdemokraten gewidmet), um zu demonstrieren, bis sie vom Militär mit Waffengewalt auseinandergetrieben wurden. Hierbei starben acht Menschen, 35 wurden verletzt. Der Kapp-Putsch immerhin wurde durch die Wucht des Generalstreiks und die Kampfbereitschaft der Arbeiter vereitelt. Im Einzelnen kamen bei diesem Konflikt ums Leben: Anna Braune, Werner Hoffmann, Otto Krassau, Karl Merkel, Ernst Müller, Franz Pawelski, Paul Schander, Adolf Schelle und Karl Schorn.

Das Gewerkschaftskartell hatte daraufhin den Wettbewerb für das Denkmal ausgeschrieben, und Gropius' Entwurf konnte überzeugen: Ein mehrfach gebrochener Hauptkörper wächst aus einer niedrigeren gewellten Bodenstruktur empor, in schräger Aufwärtsrichtung. Für Gropius sollte dies die blitzartige Reaktion der Arbeiter verdeutlichen, „als Wahrzeichen lebendigen Geistes" derselben.

1935 wurde das Denkmal konsequent durch die Nationalsozialisten zerstört, konnte aber bereits 1946 in rekonstruierter Form mit einer Gedenkveranstaltung für die Opfer des Kapp-Putsches neu eingeweiht werden.

# 29 Kleine Kirchen

In Weimar gibt es neben den bekannten größeren auch zwei kleine Kirchen unterschiedlichen Alters, ich erwähne zunächst die ältere der beiden.

## 29.1 Die Kirche von Oberweimar

Die Kirche von Oberweimar gehört zu jenem dritten Siedlungskern im Süden der Stadt (neben dem Burgbezirk am heutigen Standort des Residenzschlosses und dem in der Hügellage rund um die heutige Jakobskirche befindlichen): Gegen 1240 gründeten seit 1167 als Grafen von Orlamünde bezeugte Adlige hier ein Kloster, das auf einer so genannten Urpfarrei aufbaute, die zum Einflussgebiet des größten Archidiakonbezirks Thüringens, Erfurt / St. Marien, gehörte. Man kann davon ausgehen, dass die drei Pfarrsprengel Weimars – Jakobshügel, Oberweimar und Burgbezirk – ab 1250 festgelegt waren und dass die Grafen von Orlamünde diese Pfarrbezirke auch als Stadtbezirke zusammenlegten. Aus dieser Zeit ist kein Bauwerk erhalten, doch immerhin ist die Klosterkirche von Oberweimar, 1361 vollendet, nicht der erste Kirchenbau an derselben Stelle: Sie besaß in einer St. Peter und Paul geweihten Kirche einen Vorgängerbau. Diese Ursprungskirche gehörte aller Wahrscheinlichkeit nach zu einem kurz vor 1244 gegründeten Nonnenkloster, dessen Gründer wohl Graf Hermann von Orlamünde war. Begibt man sich in die Umgebung der Kirche, fühlt man sich unmittelbar in das Mittelalter versetzt, und mit dem Tympanon über dem Eingang der Kirche haben wir wirklich eine Spolie des Vorgängerbaus vor uns: Der Stein des Reliefs ist im Vergleich zum verbauten Stein wesentlich heller, auch ist es kleiner als der für das Tympanon ursprünglich vorgesehene Platz. Dargestellt ist das Jüngste Gericht. Im Zentrum thront Christus als Weltenrichter, sein Kopf wird von zwei Schwertern quasi gehalten. Zu seiner Rechten befindet sich eine vergleichsweise kleine Maria, hinter ihr ein Heiliger, zu seiner Linken wahrscheinlich Johannes. Über diesen Figuren schweben Posaunenengel, die die Toten zum Jüngsten Gericht wecken. An der Basis des Tympanons sind zur Rechten Christi die Erlösten sichtbar, zu seiner Linken die Verdammten. Unter den Füßen des Heilands treibt ein weiterer Engel mit Schwert die Verdammten zur Hölle. Ist die wurmartige Figur unter Christi Thron der Teufel?

Wir kennen weder den Namen des Künstlers dieses eindrucksvollen Reliefs, noch den des Baumeisters der Kirche, die die typischen Merkmale der gotischen Sakralbaukunst aufweist: das Portal mit seinen Sandsteinornamenten, die dem Flamboyant-Stil entstammen, den Baldachinen und Filialen, dem Bruchsteinmauerwerk, den nach außen getriebenen Stützpfeilern an der Süd- und Ostseite (an der Nordseite waren die Klostergebäude angebaut), die Fenster mit einfachem gotischen Kleeblattmaßwerk. Auffällig ist lediglich die Länge der Kirchenhalle. Sie verweist darauf, dass die Kirche große Bedeutung hatte. Der Turm indes, der von einem kleinen Gewässer, dem Papierbach, romantisch unterflossen wird, stammt aus dem 16. Jahrhundert. 1525 wurde das Kloster im Zuge der früh in Weimar umgesetzten Reformation aufgelöst. Seitdem ist diese Klosterkirche Pfarrkirche.

Im Innern sieht man den Grabstein des Grafen Friedrich von Orlamünde und seiner Gattin von 1365. Vom Kloster selbst ist außer den Speichern und einigen Mauerresten nichts erhalten.

## 29.2 Die Evangelische Kreuzkirche

Das kleine evangelische Gotteshaus in der Böhlaustraße 2 wirkt ein wenig so, wie ich mir die Kirche von Lummerland vorstelle: Sehr klein, anheimelnd, wie für Familien gemacht, in einem großen Garten, im Hintergrund ein modernes Gemeindehaus in Holzbauweise von 1999.

Und so durchaus familiär habe ich sie auch kennenlernen dürfen, die Kirche für alle Generationen, für alle Talente, für Sänger, für Posaunenbläser, für Bibelleser, für sportbegeisterte Konfirmanden, für Menschen, die ganz regelmäßig den Gottesdienst besuchen und für solche, die maximal das Krippenspiel am Heiligen Abend im Kirchgarten – mit einem echten kleinen Baby in der Krippe und richtigen Schafen – aufsuchen oder die mindestens ebenso eindrucksvolle Osternacht am Ostersonntag. Für Leute, die basteln und stricken und ihre Produkte bei einem Weihnachts- oder Ostermarkt für gute Zwecke verkaufen.

Das lebendige Gemeindeleben ist das Herausragende an dieser Kirche als Gemeinde, aber als Bau hat sie auch eine beeindruckende Geschichte, denn wie erklärt man sich eigentlich eine kleine, im englischen Perpendikularstil (in diesem Fall der Neogotik) erbaute Kirche in Weimar?

Weimar war im 19. Jahrhundert durchaus eine Destination, die europäische Gebildete im Blick hatten, wenn sie ihre Söhne zu ebenfalls gebildeten Männern heranziehen lassen wollten: Es gab hier aufgrund der Nähe zur Klassik, die sich hautnah erfassen ließ, selbst nach Schillers und Goethes Tod, eine ganze Anzahl von Internatsschulen für englische Jugendliche. Und es wurden gegen Ende des 19. Jahrhunderts so viele, dass sie das Bedürfnis nach einem eigenen Gotteshaus für ihren anglikanischen Ritus äußerten, nachdem der ihnen zur Verfügung gestellte Saal in der Bürgerschule zu klein geworden war. Der Architekt Rudolf Zapfe, Meister des Historismus in Weimar, errichtete die Kirche im Jahr 1899 auf dem der anglikanischen Gemeinde geschenkten Grundstück an der Böhlaustraße, damals noch eine Parzelle auf dem freien Feld. Bei der Weihe am 29. September 1899 erhielt das kleine Gotteshaus den Namen

„St. Michael and all Angels“. Aus städtebaulichen Gründen wurde der Bau diagonal zur Straßenecke angeordnet, was einen besonders einladenden Eindruck macht.

Der Erste Weltkrieg setzte dieser integrierenden Weise des Umgangs mit dem Glauben der jungen Engländer ein Ende: Die anglikanische Gemeinde wurde aufgelöst, die Engländer kehrten in ihre Heimat zurück, und 1927 ging die Kirche in das Eigentum der evangelischen Stadtkirchengemeinde über, die einen Umbau durchführte. Bis in die frühen 1960er Jahre hinein besaß die Kirche keinen Glockenturm: Den errichtete man nun nördlich vom Hauptgebäude, und im Zuge der Restaurierung von Eingangsbereich und Innenraum wurde auch die ursprüngliche Tonnendecke 2008/09 wieder freigelegt. Das Innere ist schnörkellos, aber keineswegs kalt. Mit viel Bedacht hat Gottfried Schüler, Künstler aus Weimar, die farbigen Fenster gestaltet, das Kruzifix an der Westwand des Chores stammt aus dem 15. Jahrhundert, war vermutlich Teil der Ausstattung der Stadtkirche, ist aber auf einem modernen Kreuz befestigt. Die Glocken kommen aus der Glockenstadt Apolda und wurden 1962 von der dortigen Fa. Schilling gegossen.

## 30
## Brauereitradition in Weimar

Weimar besitzt eine lange lokale Brautradition. Die Stadt erhielt, nachdem schon im 15. Jahrhundert das Brau- und Schankrecht urkundlich belegt waren, 1544 die Braugerechtigkeit, wonach alle Bürger – und das hieß damals: Hausbesitzer – für ihre Häuser brauberechtigt waren. Je

nach Größe des Hausbesitzes kaufte sich der Brauherr in ein viertel, ein halbes oder ein ganzes Braulos[19] ein. Im Grunde war das Brauen auf drei Brautermine pro Jahr beschränkt. Wer mehr brauen wollte, musste einen eigenen Keller und vier Pferde haben. Etliche weitere Auflagen waren zu befolgen, so etwa die Beachtung des Brandschutzes. Das private Brauen stand in Konkurrenz zum öffentlichen Gastwirtschaftsgewerbe, das recht wenig entwickelt und auf die Bierlieferungen der Schloß- und Stadtbrauerei sowie ab 1793 jener in Oberweimar angewiesen war. 1833 nutzten nur noch 14 Brauberechtigte ihr Braulos, und 1875 verkaufte die Stadtbraukommune das Braurecht an den aus Apolda stammenden Brauereibesitzer Johann Ludwig Deinhardt, ebenfalls ihren seit 1797 existierenden, der Bieraufbewahrung gewidmeten Felsenkeller an der Humboldtstraße 37.

### 30.1 Felsenkeller

Deinhardt gründete am Felsenkeller die Stadtbrauerei Deinhardt, setzte damals modernste Anlagen ein und baute einen Eiskeller an. Seine Söhne führten das Unternehmen fort und expandierten in der Umgebung besonders in der Malzproduktion. Bis 1925 war die Deinhardt'sche Brauerei die größte Familienbrauerei Thüringens. 15 Häuser mit Gaststätten gehörten der Familie in Weimar, und auch in anderen Städten hatte sie derlei Objekte erworben.

Nach dem Zweiten Weltkrieg erfolgte die Verhaftung der Familienmitglieder, ihre Enteignung und schließlich die Überführung der Anlage in Volkseigentum. Der Betrieb sollte ab sofort nur alkoholfreie Getränke produzieren, wurde 1964 in „Limona" umbenannt, 1989 dann in „Weimar-Getränke GmbH mit Brauerei Ehringsdorf". Das Brauereigelände erhielt die Familie 1992 samt weiterem Eigentum zurück, den Felsenkeller verkaufte die Treuhand im Jahr 1991 an den Enkel von Fritz Deinhardt (dritte Generation der Brauerfamilie).

Baulich ist der Felsenkeller heute ein über dem 1797 erbauten eigentlichen Keller errichtetes, zweigeschossiges, sehr großes Gebäude und beherbergt eine Gasthausbrauerei mit Restauration, Biergarten und sehr gutem Bier, etwa Mehrkornbier und Sommerbier. Ludwig Deinhardt ergänzte es 1880 durch einen neuen Lagerkeller und erweiterte das Haupthaus 1885 durch einen dreigeschossigen Pavillon. Zusätzliche Erweiterungen fanden 1920 und 1970 statt: Der Bau wirkt festungsartig, wie eine veritable Bierburg, die Hanglage fügt ihr Übriges zu diesem Eindruck hinzu, und auch die unverputzten Travertinbruch- und Muschelkalksteine unterstreichen das Trutzige dieses Gebäudes. Die Kelleranlage, die 1840 bis zu 25 Meter tief in den Felsen hineingetrieben wurde, besteht aus mehreren tonnenüberwölbten Gängen. Es ist ein Gebäude, das immer eindrückliche Assoziationen weckt.

## 30.2 Parkhöhle

Nicht nur Menschen, die sich für die Geologie begeistern, oder solche, die „alles" in Weimar kennenlernen wollen, sondern besonders auch Kinder ab vier Jahren, die Fantasie haben, werden diesen Ort lieben, und zwar: *obwohl* er besichtigt werden muss! ... Höhlen üben ja eine magische Anziehungskraft auf Kinder aus, außerdem ist im heißen Sommer ein Besuch unter der Erde allemal kühlend und regt zu Fragen an: Was könnte sich nicht alles in solch einem unterirdischen Versteck befinden? Die Kinder gehen ihren Vorstellungen nach, solche ab sechs Jahren (sogar in Klassenstärke) haben zudem didaktisches Material der Klassik Stiftung Weimar zur Verfügung,[20] indes lassen sich ein paar interessante Fakten referieren:

Streng genommen handelt es sich bei der Parkhöhle nicht um eine Höhle, sondern um eine bergbauliche Anlage, die auf den Wunsch des Herzogs Carl August zurückgeht, eine Brauerei mit einem

Felsenkeller anzulegen. Doch zu dem Bau der Brauerei sollte es nie kommen.

Die Anlage des unterirdischen Stollens geht auf die Jahre 1794 bis 1797 zurück, als der Herzog ihn zur Abwasserableitung auffahren ließ, von einem heute nicht mehr zugänglichen Felsenkeller an der Belvederer Allee zum *Nadelöhr* an der Ilm (vgl. S. 30) führend. Dieser Stollen war 500 Meter lang. Indem man Sand und Kies im Untergrund in den folgenden Jahren bis 1815 abbaute, entstand ausgehend von dem Stollen ein weitverzweigtes System von Gängen und unterirdischen Gelassen.

Diese Anlage diente sodann als Kohlenlager und Lagerbierhalle für den Hof. Außerdem wurde sie als unterirdischer Wandelgang im Rahmen von Geselligkeiten des Hofs, die Abwechslung hinsichtlich der Örtlichkeiten bieten sollten, genutzt. Hierzu gibt es allerdings keine genauen Quellen. Letzte Instandsetzungsarbeiten an diesem unterirdischen Gebäude erfolgten 1831, Herzog Carl August war schon seit drei Jahren tot.

Im Zweiten Weltkrieg hat man die Anlage der Parkhöhle dann bunkerartig zu Luftschutzzwecken ausgebaut.

Es handelt sich heute bei der Anlage um das einzige noch zugängliche untertägige bergbautechnische Denkmal auf dem Gebiet des damaligen Fürstentums Sachsen-Weimar und Eisenach, das aus der Goethezeit noch existiert.

Das Museum Parkhöhle der Klassik Stiftung Weimar zeigt vor allem das Engagement Goethes und seines Sohns August für die Erforschung der Weimarer Travertine, des Tuffgesteins also, mit dem viele ältere Häuser der Stadt entweder errichtet oder im Fundament gefasst sind (vgl. S. 93 ff.). Nachweislich hat Goethe Gestein, Fossilien und generell Hinterlassenschaften früherer Epochen sehr geschätzt, ja geliebt.

In der Parkhöhle erfährt man viel über Goethes Sammlung von 2000 Fossilien, die er in der Zeit um 1800 aus den westlich der Belvederer Allee gelegenen Tuffsteinbrüchen erhielt. Diese Fossilien bilden Teile von Tieren ab, die einst hier im Ilmtal lebten, Kraniche, Bisons, Rothirsche, Pferde, Nashörner, Waldelefanten und Braunbären. Am 8. Januar 1819 berichtet Goethe dem bekannten Geologen Professor Carl Cäsar von Leonhard von seinen Funden: „So haben wir ganz nahe bei Weimar treffliche fossile Knochen neuerdings entdeckt: eine halbe Oberkinnlade mit

Zähnen, ganz dem Paläotherium ähnlich, mit Resten von Elephanten, Hirschen, Pferden und was sich sonst zusammen zu halten pflegte."[21] Ein ganz besonderes Stück, er nennt es das „Wundersamste", sei ein Bäreneckzahn, ein einziger, nichts weiter.

Im Rückblick stellte Goethe auch fest, dass er sich die Kenntnisse der Natur, wie etwa die geologischen, vor allem angeeignet habe, um den Herzog in all seinen Unternehmungen, etwa dem Bergbau und anderen wirtschaftlichen Projekten, kompetent beraten zu können.

Die Parkhöhle als unterirdische Besonderheit Weimars verweist nicht nur auf Goethe, sondern gehört außerdem zum Nationalen Geotop „Travertine des Ilmtals bei Weimar". Sie bleibt mindestens bis zum Goethegeburtstag 2021 wegen der geplanten Neugestaltung/Aktualisierung der untertägigen Dauerausstellung zum Themenkreis „Eiszeiten und Klimawandel" geschlossen, einem Projekt der Beteiligung der Stadt und der Klassik Stiftung Weimar als Außenstandort der BUGA 2021. Im gleichen Zuge sind mehrere bauliche und haustechnische Sanierungen wie auch Modernisierungen in Vorbereitung. Es ist angedacht, die in langen Jahren erprobte Vortragsreihe „Dialoge mit der Erde" 2021 im 21. Jahreszyklus wiederzubeleben. Der bisherige Verantwortliche der Parkhöhle in der Klassik Stiftung Weimar, Karl-Heinz Schmidt, plant, diese Reihe im Ehrenamt weiter zu betreuen.

## 30.3 Ehringsdorfer Bier

Es handelt sich dabei um ein lokales, von den Weimarer Bürgern sehr geliebtes Bier mit einer sehr langen Brautradition (eine erste Brauordnung für das Fürstentum ist für 1619 belegt, eine verbesserte auf 1684 datiert): Das ehemalige Ehringsdorfer Rittergut, auf dessen Grundstück die Brauerei steht, wird erstmals im 14. Jahrhundert erwähnt. 1836 ging es aus dem Besitz des Großherzogs Carl Alexander wegen besonderer Verdienste in den Besitz der Familie Heydenreich über. Sie übernahm auch die kleine „Einfachbierbrauerei" und gründete an deren Stelle 1840 die „Rittergutsbrauerei". Ein Neubau erfolgte 1890/91, eine Erneuerung des Sudhauses 1933. 1946 wurde die Familie Heydenreich enteignet und musste flüchten. Damit endeten 110 Jahre ihrer unternehmerischen Tätigkeit in Ehringsdorf. Heute jedoch leben Nachfahren der Familie erneut in Weimar, wenngleich nicht als Bierbrauer.

Für den in Frankfurt am Main aufgewachsenen Nicolaus Wagner, den Besitzer der Rosenbrauerei in Pößneck, die sein Urgroßvater 1866 gegrün-

det hatte, war eine zweite lokale Brauerei in Thüringen, die sich ihm 1998 als eine Art Ruine darbot, was die Baulichkeiten anging, eine interessante Option. Damals ersteigerte er das Betriebsgelände, ca. 14.000 m², von denen er aber im Lauf der Zeit ein Drittel an Anrainer abgab. Zunächst betrieb er mit drei Mitarbeitern in Form einer „Geschäftsbesorgung" einen Getränkehandel auf dem Gelände, aber schließlich, als die Immobilie im Jahr 2000 zwangsversteigert werden sollte, warf er mit einem großen Barbetrag seinen Einsatz in den Ring. Im selben Jahr erhielt die Rosenbrauerei den Zuschlag, sodass ab sofort das Weimarer Bier nach Originalrezeptur in Pößneck gebraut und abgefüllt werden konnte. Inzwischen gibt es bereits wieder ein neues Sudhaus, und das Ehringsdorfer Bier schmeckt den Weimarern wieder, was es in den Zeiten kurz nach der Wende leider nicht mehr tat, wie er zu hören bekam.

Über die Motivation, ein derartig riskantes Geschäft einzugehen, sagt Nico Wagner lediglich: „Die Weimarer wollten ihr Bier haben, es gab es de facto ab 1995 nicht mehr, und ich mache es jetzt mit meinem Braumeister." Ob es anders ist als das Pößnecker Bier? Das bejaht Nico Wagner: „Es ist wesentlich eleganter, ein schlankes Pilsner, das Pößnecker ist kräftiger, dicker." Auf die Frage nach der Rezeptur antwortet Wagner gelassen: „Jeder gute Braumeister kann die Geschmacksrichtung herstellen, die gewünscht ist. Das hängt nicht nur von den Zutaten, sondern von der Technologie, dem Sudhaus ab. Und der Publikumsgeschmack kann sich immer ändern."

In Weimar wird das Ehringsdorfer Bier, das in mehreren alkoholischen und auch nichtalkoholischen Varianten existiert, vielfach verkauft, dort, wo er es selbst gern verkauft. Aber es sei eine lokale Sache, so hat Nico Wagner es definiert: Über den Bereich Weimar, Jena, Erfurt und die Dörfer dazwischen gehe der Verkauf nicht hinaus, weshalb es ein Mitarbeiter immer selbst ausfahren könne.

Sehr gern nimmt sich Nico Wagner zudem der lokalen Kulturereignisse an, um witzige oder aktuelle Bieredition en aufzulegen, die auch schon von Kunstfreunden gesammelt werden: Bieretiketten von Ehringsdorfer für das Kunstfest Weimar, für van de Velde, für Bauhaus sind sehr beliebt gewesen.

Die Brauerei ist außderdem ein Erlebnisort, sie wartet mit einem kleinen Museum auf, mit einer Verkostungs-Führung auf Anmeldung hin, und natürlich liefert Ehringsdorfer Bier auch Zapfanlagen für private Feste oder andere Ereignisse.

# 31
# Nietzsche-Orte: Nietzsches Sterbehaus (Nietzsche-Archiv) und Nietzsche-Gedächtnishalle

Nietzsches Sterbehaus in der Humboldtstraße 36 steht an erhobener Position im Süden Weimars: Von hier hat man sowohl auf das Schloss als auch auf das Goethe- und Schiller-Archiv und das Mahnmal der Gedenkstätte Buchenwald einen hervorragenden Blick. Aufgrund dieser privilegierten Position hat es die Hausherrin 1897 auch ausgesucht (damals stand an der Stelle des Mahnmals noch einer der deutschlandweit zahlreichen Bismarcktürme, der 1948 wegen der Errichtung des Mahnmals jedoch abgerissen wurde).

Sie, Elisabeth Förster-Nietzsche, verließ das verschlafene Naumburg, wo sie 1894 das Nietzsche-Archiv gegründet hatte, um das Werk ihres kranken Bruders Friedrich, den sie pflegte, besser in die Öffentlichkeit zu bringen und illustre Besucher anzuziehen. Der Philosoph Nietzsche, unheilbar krank und aufgrund dessen bereits umnachtet, erlebte nicht mehr, wie seine Schwester es geschickt verstand, einen intellektuellen und kulturellen Kreis um sich zu scharen.

1900 verstarb der Philosoph in der Humboldtstraße, und Elisabeth Förster-Nietzsches Arbeit begann jetzt erst richtig: Mithilfe häufig wechselnder Mitarbeiter (darunter zunächst auch Rudolf Steiner, der erfolglos versuchte, ihr in privaten Lektionen philosophisches Grundwissen nahezubringen) ging sie daran, das Werk ihres Bruders zu edieren und zu propagieren. Dies ging einher mit Umarbeitungen, Unterschlagungen, Verfälschungen und dem Zusammenziehen disparater Texte. Beispielhaft hierfür ist die Kompilation von aus dem Zusammenhang gerissenen Fragmenten zu Nietzsches angeblichem Hauptwerk *Der Wille zur Macht,* erschienen bereits 1901.

Elisabeth Förster-Nietzsche betrachtete es als wichtig, das Haus in repräsentativer und moderner

Weise umbauen zu lassen. Zu diesem Zweck befürwortete sie die Idee Harry Graf Kesslers, Henry van de Velde, den inzwischen schon berühmten Designer und Architekten, durch den Großherzog nach Weimar berufen zu lassen. Er leitete den Umbau und richtete die Innenräume im Erdgeschoss der Villa Silberblick ein: Es handelt sich um ein stimmiges, elegantes Raumensemble der klassischen Moderne, bei dem alles, neben den Einbauten auch der Flügel, Bodenbeläge, Öfen, Lampen und Mobiliar, wie aus einem Guss erscheint. Im Bibliotheksraum steht die von Harry Graf Kessler beauftragte berühmte Nietzsche-Herme von Max Klinger, die 1905 aufgestellt wurde.

Die Präsentation im Esszimmer ermöglicht heute einen Überblick über die Verstrickung der Nietzsche-Schwester in den Nationalsozialismus. Zu den Öffnungszeiten sind die Räumlichkeiten zugänglich. Das Haus, in dem im ersten Obergeschoss seit 1999 das Kolleg Friedrich Nietzsche residiert, gehört wie das Kolleg zu den Einrichtungen der Klassik Stiftung Weimar.

Zu Lebzeiten von Elisabeth Förster-Nietzsche wurde das Nietzsche-Archiv rasch zu einem gesellschaftlichen Mittelpunkt Weimars, hier verkehrten die unterschiedlichsten

Menschen – solche, die der Idee einer gesellschaftlichen Erneuerung, sei es im Geist oder in der Kunst oder Politik, nahestanden wie der Künstler Hans Olde, Harry Graf Kessler, Edvard Munch, der sie porträtierte, die weltläufigen Nostitzens, Stefan George, Gerhart Hauptmann, Hugo von Hofmannsthal, aber auch völkisch orientierte Schriftsteller wie Ernst Wachler (dieser half ihr, den noch um 1900 als „Revolutionär" betrachteten Nietzsche zum germanischen Propheten umzudeuten.[22])

Neben all den fragwürdigen Eingriffen in das Werk ihres Bruders hat Elisabeth Förster-Nietzsche aber entscheidend zur Verbreitung von Nietzsches Werk beigetragen: 1913 brachte sie die erste Gesamtausgabe seiner Werke heraus und verfasste eine zweiteilige Biografie, *Das Leben Friedrich Nietzsches* (1895/97).

Je nach politischer Großwetterlage legte die Schwester ihrem Philosophenbruder jedoch immer politisch korrekte – erst kaiserliche, dann republikanische, schließlich nationalsozialistische und antisemitische – Ideen in den Mund. Sie wurde zu einer erklärten Mussolini- und Hitler-Bewunderin. Dieser besuchte sie mehrfach und unterstützte auch ihr letztes Projekt, die Errichtung einer großen „Nietzsche-Weihehalle" als Kulturzentrum oder Arbeitsstätte.

Dieses Gebäude entstand ab 1937 direkt neben dem Nietzsche-Archiv, 50.000 Reichsmark hatte Hitler ihr für das Projekt gegeben: Die Grundsteinlegung erfolgte 1937, zu diesem Zeitpunkt war Elisabeth Förster-Nietzsche bereits zwei Jahre lang tot. Über viele Jahre vom DDR-Rundfunk, nach der Wende vom MDR genutzt, steht das Gebäude seit längerem leer und wartet auf eine neue Nutzung.

Nietzsches handschriftlicher Nachlass wird vom Goethe- und Schiller-Archiv verwahrt, seine persönliche Bibliothek an zwei Standorten, ebenfalls dem GSA Weimar und der Herzogin Anna Amalia Bibliothek, aufbewahrt.

## 32
## Gegensätzliches Gedenken

Weimar ist eine Stadt der Gedenktafeln und -steine. An zahlreichen Altstadthäusern finden sie sich, alle bestehen aus Travertin, dem heimischen Stein (vgl. S. 93ff.). Alle sind in gleicher Weise schlicht und wurden in einem Genehmigungsprozess bei der Kulturdirektion der Stadt beantragt und in demokratischer Abstimmung vom Stadtrat bewilligt. So ist man quasi auf Schritt und Tritt mit berühmten und vielleicht nicht bekannten, aber auch einmal wichtig gewesenen Persönlichkeiten konfrontiert. Das hat die Aura eines zu Stein gewordenen Geschichtsbuchs, dem wieder wunderbares Leben eingehaucht wird, wenn man bereit ist, sich den Lebensgeschichten dieser Persönlichkeiten der Vergangenheit zu nähern.

### 32.1 Gedenkplatte am DNT

Ein besonders geschichtsträchtiges Beispiel ist die Gedenkplatte, die ein bedeutender Architekt und Künstler der Moderne entworfen hat (ausgeführt wurde sie wahrscheinlich in der Zusammenarbeit des Architekten Adolf Meyer mit dem Bildhauer Gustav Sachse). Es handelt sich um Walter Gropius, und die Gedenkplatte befindet sich am Deutschen Nationaltheater. Der Auftrag war neben dem Märzgefallenen-Denkmal auf der Erweiterung des Historischen Friedhofs (vgl. S. 113f.) einer von lediglich zwei öffentlichen, die Gropius in seiner Weimarer Zeit erhielt, diesen im Oktober 1921.

Die Gedenktafel sollte die Erinnerung an die Tagung der Deutschen Nationalversammlung vom 6. Februar 1919 bis Ende August des Jahres im Weimarer Deutschen Nationaltheater aufrechterhalten – diesen Namen erhielt es durch den damaligen Theaterintendanten Ernst Hardt in vorgreifender Weise schon am 19. Januar 1919, dem Tag der Wahl zur Nationalversammlung, die die künftige „Weimarer" Verfassung ausarbeiten sollte. Um den Text auf der Tafel gab es lange Diskussionen. Der Theaterintendant als Hausherr, sprachmächtig, schlug folgende für ihn gleichwertige Varianten vor:

*„1) Im Deutschen Nationaltheater schuf vom 6. Februar bis zum 21. August 1919 die verfassunggebende deutsche Nationalversammlung dem Deutschen Reiche die Weimarer Verfassung.*

*2) Auf den Trümmern des alten zerborstenen Staates schuf im Deutschen Nationaltheater in Zeiten tiefster Not und Kümmernis, vom 6. Februar bis 21. August 1919, die verfassunggebende deutsche Nationalversammlung dem Deutschen Reiche die Weimarer Verfassung."*

Schließlich wurde die Version von Gropius, leicht gekürzt, gewählt:

*„In diesem Hause gab sich das deutsche Volk durch seine Nationalversammlung am 11. August 1919 die Weimarer Verfassung."*

Die Einweihung der Tafel fand am 11. August 1922, d. h. am Jahrestag der Verfassung, statt. 1933, im Jahr des Machtantritts der Nationalsozialisten, wurde die Tafel im Zusammenhang mit der durch diese geschmähten Weimarer Verfassung obsolet, weshalb sie auf Anordnung des thüringischen Volksbildungsministers Fritz Wächtler am 26. März 1933 abgenommen wurde. Allerdings wurde sie nicht zerstört, sondern zwischengelagert, und konnte so 1945 wieder an ihrer alten Stelle angebracht werden.[23]

Die Gedenktafel vereinigt so viel an deutscher Geschichte in sich, dass ihre äußeren Dimensionen fast unpassend gering erscheinen.

### 32.2 Gedenkstein für Kurwenal

Dieser Gedenkstein ist aufgrund seiner Kuriosität mehr als erwähnenswert. Er ist die Erinnerung an einen Hund, der im Garten von Mathilde Freytag-Loringhoven (1860–1943) Ecke Marienstraße/Geschwister-Scholl-Straße bestattet wurde. Sie war eine an der Weimarer Malerschule ab 1880 ausgebildete Künstlerin, die, in Danzig aufgewachsen, bald Journalistin wurde und in Weimar in der *Thüringischen Landeszeitung Deutschland* Artikel über Kunst verfasste. Sie schrieb auch Romane (etwa *Rudolf Daldier* unter dem Pseudonym „Hildegard Thildner", andere Werke unter „Virginie"), und schließlich war die Unverheiratete auch Tierliebhaberin und Tierpsychologin. Als solche glaubte sie an das selbständige Denken der Tiere. Daher erzog sie ihre Hunde gern, und Kurwenal, offenbar ein sehr begabtes Tier, konnte ihrer Meinung nach sprechen und rechnen, außerdem hatte sie ihm Klavierspielen beigebracht. Mozart, so gab sie preis, mochte er offenbar besonders.

Den Gedenkstein an der Marienstraße 18 hat sie mit folgendem Schriftzug versehen lassen: „Kuno von Schwertberg, genannt Kurwenal, der klügste und edelste aller Hunde, der weltberühmte Rechner, Denker und Redner."

## 33
## Die Urgeschichte Weimars

In Weimar und seiner Umgebung konnten ungewöhnlich viele Rastplätze altsteinzeitlicher Jäger und Sammler aufgefunden werden, die rund 230.000 bis 200.000 Jahre vor unserer Zeit angelegt wurden. Einige dieser Fundorte haben weit mehr als regionale Bedeutung, und das Areal des heutigen Thüringen gilt als dasjenige mit dem größten Vorkommen an vor- und frühgeschichtlichen Funden in Europa. Diese

Jäger und Sammler, die in einer Warmzeit nach der Elster-Kaltzeit vor 500.000 Jahren auf gute Lebensbedingungen an den Rändern des Ilmtalgrabens trafen, fanden Kreidefeuerstein vor, wegen seiner Härte ein begehrtes Material zur Herstellung von schneidenden Werkzeugen und Waffen. Teilweise sind es durchaus künstlerisch bearbeitete Artefakte, die archäologische Grabungen zutage gefördert haben, weshalb man mit guten Gründen den Beginn der Weimarer Kulturgeschichte in diese Frühzeit verlegen könnte.

## 33.1 Messer aus nordischem Feuerstein

Das Interesse am Travertin als einem leicht zu verarbeitenden Baustoff gerade im 18. und 19. Jahrhundert (vgl. Kapitel 24) führte zu zahlreichen bedeutsamen archäologischen Funden: Im Travertin, der hier in konstant auf acht Grad Celsius temperiertem Karstquellenwasser gebildet wurde, fanden sich in den Steinbrüchen im Süden von Weimar tierische und pflanzliche Spuren, die Überreste von mindestens acht Menschen sowie Feuersteinwerkzeuge in der Nähe einstiger Rastplätze (Feuerstellen). Der so genannte Ehringsdorfer Mensch war entweder eine Unterform des Homo sapiens oder mit dem Neandertaler verwandt. Das abgebildete Messer ist ca. 230.000 Jahre vor unserer Zeit entstanden und wurde in Weimar-Ehringsdorf gefunden.

Betrachtet man die überlieferten Feuersteinmesser und anderen Geräte aus Feuerstein, die durch Abschlagen oder Drücken mit einem weiteren Stein oder harten Knochen entstanden und die in Weimar-Ehringsdorf in so vielfältigen Formen gefunden wurden wie sonst nur in Maastricht,[24] so erkennt man ein über die Funktion als Werkzeug hinausgehendes Bedürfnis nach ansprechender Formung, das diesem frühen „Weimarer" zu eigen war.

Diese Funde sind im Museum für Ur- und Frühgeschichte Thüringens in Weimar am Poseckschen Garten zu sehen, wo das Thema sehr gut museumsdidaktisch aufgearbeitet dargeboten wird. Das großzügige Gebäude, eine Dreiflügelanlage, ist neben dem Bertuchhaus (heute Stadtmuseum) das größte klassizistische ehemalige Wohnhaus Weimars, wurde 1790/91 errichtet, gelangte 1827 in den Besitz des Barons von Poseck und hatte in der Folge zahlreiche weitere, dann bald staatliche Nutzungen.

## 33.2 Weitere bedeutende urgeschichtliche Fundstücke

Nach der sehr lange zurückliegenden Periode, in der frühe Menschen hier ihre Rastplätze hatten, kommen erst im dritten Jahrtausend v. Chr. wieder Spuren menschlicher Besiedlung in den Blick, etwa aus Bestattungsplätzen im Weimarer Stadtgebiet, die auf die Schnurbandkeramiker, die in ganz Mitteleuropa verbreitet waren, hindeuten. In einem Frauengrab fanden sich mehr als tausend kleine Muschelscheiben, offenbar als Dekoration eines Gewands.

Erst aus dem späten sechsten Jahrhundert v. Chr. stammen metallene Gewandverschlüsse oder Fibeln, die im Stadtgebiet Weimars gefunden wurden: 349 Fundplätze in und um Weimar aus der vorrömischen Eisenzeit lassen sich nachweisen.

Interessant wird die Fundlage noch einmal ab dem dritten Jahrhundert n. Chr.: Gräber von Thüringer Fürsten aus dieser Zeit wurden im Bereich des heutigen Weimars entdeckt, aber fassbar wird das Thüringer Königreich lediglich in einem sehr kurzen Zeitraum, zwischen 480 und

530. Unabhängig von der bis heute umstrittenen Frage nach der Größe des Königreichs (erstreckte es sich wirklich von der unteren Elbe bis zur Donau und ost-westlich von Brandenburg bis zur Rheinmündung? – Wahrscheinlich eher nicht …) befand sich Weimar damals jedoch definitiv in der Nähe des Zentrums der Herrschaft der Thüringer. Anders lassen sich die 17 Fundstellen allein im Stadtgebiet Weimars nicht erklären.

Diese Thüringer Herrscher müssen in engstem Kontakt zum Ostgotenreich gestanden haben. Erwiesenermaßen hatte ja der Thüringer König Herminafried die Ostgotenprinzessin Amalaberga geheiratet, die Nichte Theoderichs des Großen und Tochter des Vandalen-Königs Thrasamund. Über sie kam die christliche Religion erstmalig nach Weimar bzw. Thüringen, in der arianischen Ausprägung, die die Ostgoten verfolgten. Ein ganz besonderes Fundstück und Zeugnis für die Beziehung zu den Ostgoten ist ein silberner Löffel mit Christogramm.

Die Einbeziehung in das ostgotische Bündnis gegen die Franken gewährte den Thüringern ausreichend Schutz, solange Theoderich lebte, doch mit seinem Tod im Jahre 526 flammten die fränkischen Angriffe auf, und es kam an der Unstrut wahrscheinlich zur letzten vernichtenden Schlacht. 534 wurde König Herminafried ermordet. Amalaberga floh daraufhin mit ihren Kindern über Ravenna nach Byzanz. Die thüringische Herrscherdynastie war ausgelöscht, Amalaberga musste weiter fliehen und ging ins Exil nach Konstantinopel.

Aus allen Funden im Stadtgebiet und darüber hinaus lässt sich schließen, dass Weimar zwar innerhalb des Thüringer Reichs keine vorrangige Bedeutung hatte, aber wegen zahlreicher aufgefundener Adelsbestattungen auch nicht ganz unbedeutend gewesen sein muss.

## 34
## Das Bauhaus kommt aus Weimar

Im Jahr des 100. Jubiläums der Gründung des Bauhauses in Weimar wurde das Thema in der Öffentlichkeit sehr konsequent vermittelt, beide Bauhaus-Komplexe Weimars waren hier tätig, der museale Komplex und die sich auf diese Tradition berufende kunst- und bau-bezogene Universität, und wirklich geht von den hier zu betrachtenden Gebäuden jeweils ein besonderer Charme aus.

## 34.1 Hauptgebäude, Werkstattgebäude und Walter Gropius' selbst entworfenes Direktorenzimmer

Das Hauptgebäude der Bauhaus-Universität Weimar (in zwei Bauabschnitten 1904 und 1911 erbaut) geht auf einen Fachwerkbau zurück, in dem 1860 die Großherzogliche Kunstschule untergebracht war. Henry van de Velde errichtete es, und daneben 1905–06 die Kunstgewerbeschule; beides sind Gebäude in einem eindeutig neuen Stil:

Das Kunstschulgebäude ist ein dreigeschossiger mehrachsiger Bau mit ausgebildetem Mansardgeschoss und großen Fensterflächen, die an Künstlerateliers erinnern. Die mittleren drei Achsen treten risalitartig hervor, hier schließt sich rückseitig das halbrunde Treppenhaus mit der sich eindrucksvoll emporschwingenden Treppe an. Auf dem Dach bildet eine Laterne den Abschluss.

Im Vergleich zur Kunstschule erscheint das Gebäude der Kunstgewerbeschule wesentlich filigraner. Der zweiflügelige Bau besteht nur aus Erdgeschoss und ausgebauter Mansarde. Der Haupteingang liegt im abgeschrägten Winkel. Besonders typisch für van de Veldes Stil ist der nahezu hufeisenförmige, plane Giebel auf der Südseite. Beides sind Gebäude, in denen sich die Studierenden wohl fühlen können. Daneben entsprechen sie den Höhenmaßen der in Weimar stehenden Gebäude und haben die hier so verbreiteten Travertinsockel.

Van de Velde war als Belgier ab 1914 nicht mehr wohl gelitten, ein feindlicher Ausländer, wurde des Amtes enthoben und verlor sein Vermögen. Er schlug einen Kollegen vor, dem er die Nachfolge an seiner Stelle zutraute: Walter Gropius.

Ab 1919 hat das Bauhaus unter Gropius die beiden Gebäude genutzt: Im ungewöhnlich von oben belichteten Treppenhaus des Werkstattgebäudes wurden ein Wandbild und zwei Reliefs von Bauhausmeister Oskar Schlemmer eingebracht (sie wurden leider während des Nationalsozialismus als „entartete Kunst" zerstört, wir sehen heute die Rekonstruktionen).

Die wichtigste Erinnerungsstätte für Walter Gropius ist folgender Lieblingsort im ersten Obergeschoss des Hauptgebäudes der Bauhaus-Universität: das Direktoren- oder Gropius-Zimmer, das er selbst zusammen mit dem Vorzimmer und dem Versuchs- oder Musterhaus am Horn als herausragende Einrichtungs- und Architekturbeispiele seiner Hochschule zur Bauhausausstellung 1923 geplant hatte (es handelt sich bei der heutigen Raumausstattung um eine sorgfältig recherchierte Rekonstruktion, denn auch dieses Zimmer wurde in der nationalsozialistischen Zeit beräumt).

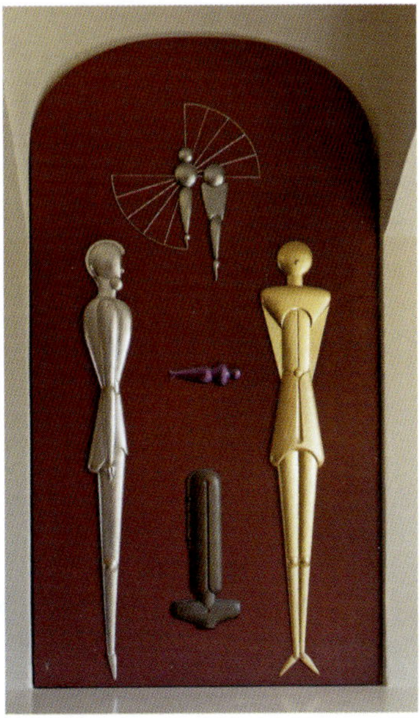

Entscheidend für Gropius' Raumidee war die Grundstruktur des Zimmers, die er als einen Würfel von fünf mal fünf Metern auffasste. Um dieses Maß zu erreichen, musste er einen Vorraum mit einem Vorhang abteilen. In den großen Kubus eingeschrieben, konstruierte er dann einen kleineren Kubus, definiert durch Wandbespannungen, Vorhang und Teppich am Boden, wobei das Verhältnis des größeren zum kleineren Kubus dem Goldenen Schnitt entspricht. Eine moderne Beleuchtungsanlage, von Siemens entwickelt, der selbst entworfene Schreibtisch und gelbe Sessel, ein Sofa, zwei Mäanderregale, ein Eckregal, ein kleiner Tisch, Leuchten von Jucker/Wagenfeld und ein Wandbehang der Bauhausabsolventin Else Mögelin bilden die schöne Einrichtung, die dem heutigen Betrachter sowohl modern wie klassisch erscheint.

## 34.2 Das neue Bauhaus-Museum

Moderne und Weimar, Demokratie und Weimar, Bauhaus und Weimar? Passt das zusammen? Sind das nicht Widersprüche, Gegensätze, hölzerne Eisen?

Um sich dem neuen Bauhaus-Museum anzunähern, sollte man idealerweise einen anderen Besuch vorschalten: Nämlich den des Museums Neues Weimar schräg gegenüber: Dort erfährt man in einer äußerst noblen Ausstellungsarchitektur, die dem Gebäude angepasst ist, die Vorgeschichte des Bauhauses, den Weg von der Weimarer Malerschule über Harry Graf Kesslers Einfluss, Henry van de Veldes Wirken und begreift so, wie Weimar überhaupt zu seinem Bauhaus hat kommen können. Am besten schlägt man dann auf einem kleinen Spaziergang einen Haken und nähert sich dem Bauhaus-Museum vom Schwanseepark (heute auch: Weimarhallenpark) aus an. Er breitet sein rasengrünes Rechteck unterhalb des Museums aus, als sei es schon immer so gewesen. Das „Museum am Park" – was sich anhört wie die Reklame eines Immobilienbüros, ist nichts als die lautere Wahrheit. Stolz wie eine Ritterburg erhebt sich das neue Museum zehn Höhenmeter über der Fläche des Wasserspiegels im Park. Stellt man sich in die südwestliche Ecke der Grünanlage, kommt die diagonale Perspektive auf den massiven Betonbau am schönsten zur Geltung, insbesondere dann, wenn man in der Stunde der Dämmerung an Ort und Stelle ist. Dann beginnen die 24 horizontalen LED-Leuchtbänder, die die Fassade des Museums rhythmisieren, allmählich im schwindenden Licht des Himmels magisch zu leuchten. Ein Platz, um die Hand eines geliebten Menschen zu suchen.

Nur keine Sorge, Sie werden aller Wahrscheinlichkeit nach mit ihm ganz allein im Park sein. Wenn Sie sich umsehen, erkennen Sie ein bescheidenes Denkmal in Gestalt einer Amphore auf einem Sockel. Das ist der Grabstein des Mannes, der hier vor zweihundert Jahren (1822) beerdigt wurde, Friedrich Bertuch. Man könnte ihn auch den Urvater des Bauhauses nennen. Mit seiner Manufaktur machte er Weimar zu einem Ort modernen Designs in der Goethezeit (vgl. S. 75ff).

Wer das acht Meter hohe Tor-Portal des Museums durchschreitet, befindet sich in einem lichtdurchfluteten Raum, dem Foyer des Hauses. Am besten geht man gleich über die steile Treppe auf den Altan über diesem Foyer. Von dort schaut man in und auf die Raumskulptur des argentinischen Künstlers Tomás Saraceno, durch die der hohe Luftraum des Foyers verfremdet wird. Spiegel und Spinnen haben den Künstler zu seinem biomorph-abstrakten Gebilde angeregt. „Kunst und Technik, eine neue Einheit", propagierte Walter Gropius seit 1923 als das Ziel des Staatlichen Bauhauses. Vor Saracenos Werk und 100 Jahre nach Gropius könnten wir eher ausrufen: „Natur und Technik, eine neue Einheit"! Über das Kunstwerk hinweg fällt der Blick auf das städtische Umfeld des Museums. Man erkennt die Gebäude der Nazi-Zeit (Gauforum, vgl. S. 137f.) und des DDR-Sozialismus. Es sind historische Architekturen aus dem Zeitalter der Extreme. Vom Altan des neuen Museums schaut man hinaus und zurück in eine historisch gewordene Welt.

Das Staatliche Bauhaus wurde fünf Monate nach dem Ende des Ersten Weltkriegs eröffnet. Kulturkampf und Streit gehörten seit Beginn zum Genom dieser Schule. Das Bauhaus-Museum brauchte seit der friedlichen Revolution von 1989 fast 30 Jahre bis zu seiner Eröffnung am 5. April 2019. Es waren lange Jahre des Kampfes, um das Weimarer Bauhaus und um ein Bauhaus-Museum. Deshalb darf man sagen: Das Haus passt zu seinem Inhalt. Schon lieben die Bürger der Stadt ihr „neues Museum", dabei war noch die Grundsteinlegung von wütenden Protesten der Gegner eines Bauhaus-Museums geprägt.

Ein ganz besonderes Objekt befindet sich gleich hinter der Eingangstür in die Ausstellung. Da steht sie, von einer großen Glashaube geschützt, die Wiege von Peter Keler. „Das Bauhaus kommt aus Weimar", der Schlachtruf gegen Weimarer Geschichtsvergessenheit, hatte ein unwiderlegliches Symbol: Kelers Wiege. In ihr ist das ganze frühe Bauhaus in der Arbeit eines Schülers zusammengefasst. Und das Klischee stimmt nicht! Kelers Wiege ist keineswegs nur ein Gestalt gewordenes Programm, eine Kopfgeburt, sie taugt auch zum Zweck. Peter Kelers Sohn Jan hat es bezeugt: Er wurde in der Bauhaus-Wiege in den Schlaf geschaukelt, und nie ist er dabei aus dem kostbaren Stück herausgefallen.

Oben, zwei Stockwerke höher, wenn man die ganze Geschichte des frühen Bauhauses studiert hat, steht man am Gegenstück zu diesem Beginn mit Kelers Wiege: dem Weimarer Vermächtnis des Bauhauses. In einer einzigen gigantischen Vitrine steht eine umfangreiche Auswahl jener Sammlung von 168 Stücken, die Walter Gropius, als er Weimar verließ, als Dokumentation der Arbeit des Staatlichen Bauhauses zurückließ. Der Vernichtung durch die Nazis entging die Sammlung auf wunderbare Weise. Nun ist sie hier erstmals umfassend zu betrachten. Wer die Ausstellung verlässt, tritt in ein hohes Treppenhaus, von dessen höchster Stufe man durch ein großes Fenster nach Westen blickt, hinüber zum Ettersberg. Der Blick kann das Mahnmal für die Opfer des Konzentrationslagers nicht übersehen.

## 35
## Orte, die an die Zeit des Nationalsozialismus erinnern

Die Zeit des Nationalsozialismus hat Weimar stark geprägt; hätte das Unrechtsregime länger existiert, wäre die Stadt ein großer Rüstungsstandort geworden. Schon die realisierten Eingriffe in die Bausubstanz der Stadt sind brutal genug und sollten immer als solche erinnert werden.

## 35.1 Das Gauforum

Diesen überdimensionierten Verwaltungsbau in der unmittelbaren Nähe zur Altstadt in Richtung des Bahnhofs zu errichten, war eine weitreichende städtebauliche Entscheidung, doch zur Bauzeit gelang ihre Fertigstellung nicht. Gesichtslos und steril erscheint der von Hitler erwünschte Gauleitersitz, den der junge Architekt Hermann Giesler (1898–1987) in einer langen Planungsphase entwarf und der zusammen mit einem großen Massenaufmarschplatz zu denken war. Eine „Halle der Volksgemeinschaft“ für 15.000 Personen, eine Reichsstatthalterei und ein zentraler Aufmarschplatz für 60.000 Menschen waren vorgesehen. Zusätzlich beharrte Hitler auf einem Glockenturm – bei seinem Läuten sollten sich die Menschen zum Aufmarschplatz begeben. Auf diesen Glockenturm ist noch zurückzukommen.

Es darf bei alledem nicht vergessen werden, dass 139 Häuser im Jakobsviertel abgerissen, der Asbach umgeleitet werden musste, dass der Asbachgrünzug inklusive der Parkanlage vor dem Neuen Museum (heute: Museum Neues Weimar), beides erst 60 Jahre zuvor von Großherzog Carl Alexander angelegt, weichen mussten. In Weimar gab es Kritik: Ursprüngliche Haus- und Grundstücksbesitzer hatten sich teilweise massiv geweigert, ihren Besitz zu verkaufen. Als Kompensation wurden in neu ausgewiesenen Straßen Weimars Ersatzwohnungen errichtet. Auch die heutige Ferdinand-Freiligrath-Straße (damals hieß sie tatsächlich X-Straße) entstand im selben Zuge im Heimatstil.

Das Weimarer Gauforum wurde das einzige der zahlreichen in Deutschland geplanten Foren, die so weit gediehen, und sein Bau wurde mit zum Teil großen Pausen bis 1944 fortgesetzt. Doch nicht alle geplanten Bauten konnten vollendet werden. Beispielsweise die „Halle der Volksgemeinschaft“, heute ein Einkaufszentrum, „Weimar-Atrium“. In

den denkmalgeschützten Gebäuden des Gauforums ist heute das Thüringer Landesverwaltungsamt untergebracht. Der Platz vor der früheren Halle wurde im Kulturstadtjahr 1999 von einem namenlosen Platz zum Weimarplatz. Heute heißt er Jorge-Semprún-Platz, nach dem spanischen Dichter und späteren spanischen Kulturminister (1923–2011), der über seine Deportation und den Aufenthalt in Buchenwald die bewegenden autobiografischen Romane *Die große Reise* und *Was für ein schöner Sonntag* schrieb.

Der Glockenturm war 1944 erst zu einem Drittel seiner Höhe angewachsen, geplant war er auf 63 Meter. Im Turmgebäude befindet sich eine empfehlenswerte, zu den Öffnungszeiten des LVA zugängliche Dauerausstellung zur Geschichte des Ortes, der Eingang liegt an der Ecke Weimarplatz/Friedensstraße.

## 35.2 „Jedem das Seine"

*„Das Anfang 1938 entstandene schmiedeeiserne Lagertor der heutigen Gedenkstätte Buchenwald (errichtet als Konzentrationslager Buchenwald 1937) trägt die Inschrift ‚Jedem das Seine'. Auf Befehl des Lagerkommandanten wurde sie von innen lesbar angebracht. Die auf dem Appellplatz stehenden Häftlinge sollten sie ständig vor Augen haben. Die Inschrift geht auf den zwei Jahrtausende alten römischen Rechtsgrundsatz ‚suum cuique' zurück: ‚Iuris praecepta sunt haec: honeste vivere, alterum non laedere, suum cuique tribuere.' – ‚Die Gebote des Rechts sind folgende: Ehrenhaft leben, niemanden verletzen, jedem das Seine gewähren.' Die SS interpretierte ‚Jedem das Seine' unmissverständlich als Recht der ‚Herrenmenschen' zur Erniedri-*

*gung und Vernichtung der Anderen. Das betonte sie zusätzlich, indem sie das Tor regelmäßig weiß streichen ließ, die in seiner Pforte eingelassenen Buchstaben rot. Dieser ursprüngliche Anstrich wurde Anfang 2014 im Zuge umfassender Untersuchungen und aufwändiger Restaurierungsarbeiten unter Verwendung zeitgenössischer Farbpigmente wiederhergestellt. Bis dahin war die allgemein bekannte Farbe des Lagertores lange Zeit olivgrün gewesen."*

Dies ist der offizielle Text der Internetseite der Gedenkstätte Buchenwald zum Lagertor. Weiterführende Fragen kommen bei der Lektüre auf: Wer war der Gestalter dieses Tors? Und was für eine Schrift hat er verwandt, wie kam er dazu?

Franz Ehrlich heißt der Künstler. Er wurde 1907 in Reudnitz bei Leipzig geboren und starb 1984 in Bernburg an der Saale. Nach dem Schulbesuch absolvierte er in Leipzig eine Lehre zum Maschinenschlosser und wurde Mitglied der Kommunistischen Jugend. Von 1927 bis 1932 studierte er am Bauhaus Dessau im Vorkurs von Josef Albers. Unterricht hatte er bei den Formmeistern Paul Klee, Wassily Kandinsky und László Moholy-Nagy sowie bei Oskar Schlemmer und Joost Schmidt. Bei diesem legte er auch die Tischlergesellenprüfung ab. 1930 wurde er Mitglied der KPD. Gemeinsam mit Joost Schmidt erarbeitete er die Entwürfe für die Ausstellungsstände des Bauhauses für die Messen im Grassi-Museum Leipzig, 1929 dann für die Ausstellung im Deutschen Hygiene-Museum in Dresden und für die Breslauer Werkbundausstellung. Er verließ das Bauhaus 1932 und arbeitete in den Büros von Walter Gropius und Hans Poelzig, gründete daraufhin mit anderen Bauhäuslern in Berlin das Studio Z. 1934 wurde er als Kommunist verhaftet und verurteilt. Zunächst war er im Zwickauer Zuchthaus, 1937 bis 1939 in

Buchenwald. Hier arbeitete er für die SS als Architekt und Innenausstatter und hat als Schrift für das Lagertor eine typische Bauhaus-Schrift in Einsatz gebracht. Er hat also eine nicht als solche erkannte Sabotage betrieben, indem er die Schrift der verhassten, „entarteten" Bauhaus-Schule benutzte. Eine mutige und vor allem wirkmächtige Tat.

Ehrlichs weiterer Lebensweg? 1939 bis 1942 Arbeitsverpflichtung in Berlin als Architekt, 1943 bis 1945 im Strafbataillon 999 Militärdienst in Griechenland, dann Kriegsgefangenschaft in Jugoslawien. 1946 Rückkehr nach Dresden, dort Leitung des Referats Wiederaufbau. Jetzt knüpfte er an die Bauhaus-Tradition wieder an, etwa durch den Gedanken der Gartenstadt, kombiniert mit den Ideen von Le Corbusier und Ludwig Hilberseimer. Als Chefarchitekt der Leipziger Messe setzte er auch seine Entwurfsarbeit für Möbel fort.

Franz Ehrlichs Torentwurf ist der Entwurf eines Künstlers, der sich nicht korrumpieren ließ. Innerhalb des maximalen Grauens ein kluges künstlerisches Aufbegehren.

## 35.3 Buchenwaldhäftlinge retten das klassische Erbe

Diese Kisten sind nicht der Beweis dafür, dass in Buchenwald die Humanität zu Hause war, sondern allenfalls für die Absurdität, dass mit Hilfe der Arbeitskraft von Buchenwald-Häftlingen, ihrem handwerklichen Geschick auch, wichtiges klassisches Erbe gerettet werden konnte. Die Geschichte[25] ist rasch erzählt:

Zu Jahresbeginn 1942 konferierte der Weimarer Oberbürgermeister Koch gemeinsam mit den Weimarer Museumsdirektoren, wie die wichtigsten Kulturgüter sicher zu verwahren seien, angesichts ständig drohender Bombenangriffe der Alliierten (die Gustloff-Werke in Weimar waren eine bekannte Rüstungsfabrik). Von besonders wichtigen Gegenständen, etwa aus den Dichterhäusern, sollten Repliken angefertigt werden, um die Häuser mit diesen als Ausstattung weiter für Publikum offen zu halten. Der Polizeipräsident Hennicke empfahl in einer gemeinsamen Sitzung, dass aus dem Goethehaus das Mobiliar von Goethes Arbeitszimmer, ebenso das seines Schlafzimmers wie auch etliches Mobiliar aus dem Schillerhaus repliziert werden sollten. Er deutete an, dass es möglich sei, derartige Repliken von Häftlingen des KZ Buchenwald herstellen zu lassen.

Zunächst wurden die betreffenden Möbel zu diesem Zweck ausgemessen, dann berechnete man, wie groß die Holzkisten zu sein hätten, die die Originalmöbel aufnehmen sollten. Am 13. April erfolgte in Buchenwald die Bestellung von 40 Holzkisten zur Verpackung von Schillers Bibliothek und Möbeln sowie von Exponaten aus dem Museum für Ur- und Frühgeschichte. Daraufhin wurden folgende Möbel aus dem Schillerhaus nach Buchenwald in die Werkstätten der Deutschen Ausrüstungswerke (DAW) gebracht: Schillers Schreibtisch, Bett und Spinett aus seinem Arbeits- und Sterbezimmer, der kleine Nähtisch aus dem Empfangszimmer sowie je ein Stuhl aus jedem der drei Zimmer im zweiten Geschoss des Schillerhauses. Die Häftlinge machten sich an die Herstellung der Kisten und der Repliken. Am 12. Juni 1943 war diese Arbeit mit Ausnahme der Replizierung des Spinetts abgeschlossen, und die Repliken wurden im Schillerhaus aufgestellt. Der Oberbürgermeister ordnete daraufhin an, dass ein Schild den Sachverhalt aufklären sollte: „Die Möbel in Schillers Arbeits- und Sterbezimmer sind getreue Nachbildungen der in Sicherheit gebrachten Originale." Das Spinett folgte am 15. November 1943. Der SS Buchenwald, die den Herstellungsprozess überwacht und organisiert hatte, dankte sogar der Stadtbaurat für die „gediegenen Arbeiten", die entstanden waren.

Die Originalmöbel und die Bücher Schillers wurden bis zum Kriegsende zusammen mit weiteren Gegenständen aus anderen Weimarer Museen im Keller des Nietzsche-Archivs sichergestellt. Beim Goethehaus hatte man von diesem Vorgehen allerdings abgesehen, vielmehr das Arbeits- und Sterbezimmer sowie Goethes Bibliothek leer geräumt und die Gegenstände im Frühsommer 1942 im Luftschutzkeller des Goethe- und Schiller-Archivs geborgen. Im Januar 1944 aber beschloss man dann, Buchenwald mit der Konstruktion von 80 Holzkisten zu beauftragen, um darin diese Gegenstände und viele mehr aus Goethes Wohnhaus zur Sicherung ins Schloss Zillbach bei Wasungen zu transportieren, da Weimar selbst als nicht mehr sicher vor Luftangriffen galt. Die Sammlungsgegenstände Goethes (alles aus dem Goethe-Nationalmuseum, was nicht fest gerahmt war) kamen im Bergwerk Dietlas in der thüringischen Rhön unter. Das Sterbe- und Arbeitszimmer Goethes präsentierte man weiter, nun mit einer „dekorativ-symbolischen" Ausstattung, die leider nicht im Bild festgehalten wurde ...

1999 übergab die Klassik Stiftung Weimar die Repliken der Möbel an die Gedenkstätte Buchenwald, wo sie auch in der Ausstellung betrachtet werden können.

## 36
# ENTSPANNUNG

Kein historisch oder literarisch bedeutender, in Reiseführern sonst beschriebener Ort wird nun vorgestellt, kein Stolperstein oder Denkmal, keine Seelenlandschaft, kein einsames Hüttlein im Walde und auch kein Garten.

Dieser Ort ist nicht geerdet, er ist auch nicht feurig. Luftig allerdings auch, jedenfalls sommers. Diesen Ort teilt man mit anderen, und als *conditio sine qua non* ist hinzunehmen, dass in seiner Winter-Version Beschallung als unvermeidliche Dreingabe aufgefahren wird. Demzufolge und wahrheitsgemäß muss man ihn daher aufteilen in Sommer- und Winterort, größeren und kleineren, natürlich erhaltenen und chemisch aufbereiteten, behimmelten und bedachten, *lieu de désir* und Notlösung. An ihm kommen die Freunde des flüssigen Elements zur Ruhe, wenn sie nicht im Gleichgewicht sind.

Damals, 1928, als dieser Ort erstmals seine Tore öffnete, so liest man vor dem Eintritt, war er der modernste seiner Art in ganz Deutschland! Die Geschichte seiner Renovierungen, Restaurierungen, Überformungen und Rückbauaktionen – denn Teile des Ortes sind (ja, doch, immerhin:) Denkmäler – ist sehr komplex. Längst haben Sie es erraten: Hier geht es um das Weimarer Schwimmbad, das Schwanseebad.

Zuletzt wurde das Sommerbad im Jahr 2019 nach zweijähriger Schließung wieder dem Publikum übergeben, den Frühschwimmern, den Schulklassen, den Schwimmvereinen, den Familien, den Jugendlichen, den Studierenden, den Verliebten und den disziplinierten Arbeitnehmern, die abends noch eine Runde drehen wollen oder müssen. Da die Rasenfläche so groß ist, die Bäume so schön und Schatten spendend, da es Spielgeräte und Volleyballplatz gibt, nicht zu vergessen den Kiosk, ist das Schwanseebad im Sommer für sehr viele Weimarer ein Lieblingsort. Und immer wieder zieht es an heißen Tagen ebenfalls die Weimargäste hierher. Recht haben sie. Im Winter ist das Hallenbad mit Sauna – einfach auch da.

## 37
## Weimars beliebteste Souvenirs

Jeder Weimar-Besucher freut sich, aus der Klassiker-Stadt und Wiege des Bauhauses etwas mitzubringen, was er hier erworben hat und was unbedingt auf Weimar verweist. Und neben einer Anzahl von Dingen, die letztlich austauschbar für jede Stadt sind, gibt es doch in und für Weimar solche von großer Schönheit, die für den kleinen oder großen Geldbeutel allemal erschwingbar sind, die etwas „hermachen" können und denen vielleicht sogar ein echter Nutzwert innewohnt.

Da habe ich für humorbegabte Freunde der Klassik die beiden Ofenhandschuhe „Faust I" und „Faust II" vor Augen, leuchtend rote, sehr gut nutzbare Gegenstände. Dann das Wasserglas Goethes, eine edle schlichte Form, allerdings mit einem ungeschliffenen Rand, daher auch nicht spülmaschinengeeignet: Es handelt sich um eine Replik nach Goethes eigenen Wassergläsern, und es ist einfach schön.

Gartenbesitzern, Naturfreunden oder auch Anthroposophen wird man sehr gern einen kleinen Ginkgo mitbringen, ein Schmuckstück mit einem Ginkgoblatt oder sogar eine Ginkgocreme oder ähnliche Kosmetikprodukte.

Und dann gibt es natürlich außerdem Fußmatten, die auf den Besuch im Goethehaus verweisen, mit dem Schriftzug „SALVE" – „Sei gegrüßt!" Sie bringen Glück und heißen jeden Eintretenden willkommen, so wie Goethe es sich für seine Gäste auch vorstellte und wünschte.

Eine Marmorreplik des *Steins des guten Glücks* (vgl. S. 33f.), der im Goethe-Gartenhaus zu bewundern ist, wäre auch noch zu erwerben. Sie ist schön und hat aufgrund ihrer Schwere zusätzlich die Fähigkeit, als Briefbeschwerer oder Buchstütze zu fungieren.

Für den größeren und großen Geldbeutel käme die aufs Bauhaus verweisende Wagenfeld-Lampe in Frage, jeder kennt sie, jeder liebt sie; oder gar eine Replik des Schreibpults von Goethe in Eichenholz.

Den Bauhaus-Gin loben Gin-Kenner; leider ist unbekannt, was er mit dem Bauhaus zu tun hatte ...

Und Kinder können sich bestimmt mit Goethe und Luther als Playmobil-Figuren anfreunden. Ja, auch Luther war verschiedentlich in Weimar: Hier ist die Reformation sogar besonders früh durchgesetzt worden!

Ausflüge in Weimars Nähe:

## 38
## Schloss und Schlosspark Belvedere samt „Tischleindeckdich“

Belvedere gehört neben Tiefurt und Ettersburg zu den drei Lustschlössern in Weimars Umgebung, die inmitten von wunderbaren Parks liegen. Es wurde 1724/25 – gleichzeitig mit Schloss Ettersburg – auf der „Eichenleite“ von Herzog Ernst August, dem Bauwütigen, als einfaches Fasanenhaus, also zu Jagdzwecken errichtet, um dann wenig später durch den Baumeister Johann Adolf Richter als barocker Schlosskomplex umgeplant zu werden. Dem kreuzförmigen zweigeschossigen Bau wurden nach einer Wienreise des Herzogs, auf der er das dortige, gerade eben vollendete Schloss Belvedere sah, zwei Uhrenpavillons links und rechts vom Schloss angegliedert, die als Kavaliershäuser dienen sollten, denen 1734 zwei weitere Kavaliershäuser folgten.

Ernst August war Jagdfanatiker und hatte in Belvedere insgesamt 375 Reitpferde und 1100 Jagdhunde unterzubringen, dazu einen veritablen Zoo mit Raubvögeln, Tauben, Auerhähnen, Büffeln, Rehen, Hirschen, Affen und Meerkatzen, insgesamt 1800 Tieren, die, lose verteilt, in der barocken Gartenlandschaft von Belvedere eingepfercht lebten.

Von dieser sieht man heute so gut wie nichts mehr, aber allemal lohnt es sich, das barocke Jagdschloss zu besichtigen: Besonderer Glanzpunkt im Inneren ist der quadratische Festsaal, wo mit *stucco lustro* verkleidete Pilaster mit korinthischen Kapitellen einen reichen Architrav tragen. Als Deckenfresko erscheint eine bunte Vogelwelt von der Hand des Hofmalers Johann Carl Reinthaler. Auch in den Pavillonräumen findet *stucco lustro* seine üppige Verwendung. Spezielle Erwähnung verdient der Altan, der noch im originalen Zustand erhalten ist. Die Wände hier sind mit Erfurter blauweißer Fayence gefliest. Die große Attraktion in diesem als Speisezimmer genutzten Raum, der jedoch zu klein war für das Anrichten der Speisen, ist das „Tischleindeckdich", ein versenkbarer Speisetisch, der von den dienstbaren Geistern „im Untergrund" bestückt werden konnte. Leider ist dieser Märchenort derzeit nicht zu besichtigen, daher mag eine Abbildung einen kleinen Ersatz bieten.

Es lohnt sich ebenfalls, das Schloss zu besuchen, wenn man sich für altes Porzellan interessiert. Solches aus zahlreichen lokalen und überregionalen Porzellanmanufakturen sowie Stücke aus der Herzoglichen Waffensammlung sind hier zu sehen.

## 38.1 Die Orangerie im Park des Schlosses Belvedere

Relikte der barocken Entstehungszeit sind allerdings die Orangerie und das Gärtnerhaus östlich des eigentlichen Schlosses, bestehend aus mehreren Orangeriebauten inklusive des Roten Turms und eines Wirtschaftshofs sowie eines südlichen Blumengartens (anstelle des ehemaligen Botanischen Gartens von Belvedere). Sie bilden ein in der Goethezeit der fürstlichen Pflanzensammlung und -forschung gewidmetes Ensemble.

Der Spaziergänger wird die Harmonie der Anlagen an der erhöhten Lage des Belvedere („schöne Aussicht") genießen, wird sich in dem riesigen gestalteten Park, der dann auch in die waldige Landschaft übergeht, gern ergehen und seinen Gedanken nachhängen, wird Rehe beobachten, während er die abwechslungsreichen Spazierwege aufsucht, aufgelockert durch allerlei Parkarchitektur aus dem 19. Jahrhundert.

Und eine veritable Besonderheit gibt es auch zu bestaunen, nämlich die alte Kanalheizung in der Orangerie selbst von 1820, die immer noch funktioniert und betrieben wird. 1820 war das Jahr, in dem der Herzog seiner Leidenschaft für das Sammeln von tropischen Pflanzen und botanischen Raritäten ein Denkmal setzte, mit der dreisprachigen Ausgabe des *Hortus Belvedereanus:* Wie auch bei Goethe war aus dem ursprüng-

lichen Sammelspiel des Herzogs mittlerweile eine ernsthafte botanische Beschäftigung geworden, und im Roten Turm neben der Orangerie war die Gartenbibliothek aufgestellt. Der *Hortus* erfasst die 6300 Arten und 1300 Varietäten, die damals alle in Belvedere gezogen wurden: Der Schlossgarten samt Orangerie barg eine der reichhaltigsten Pflanzensammlung in ganz Europa, die auch Alexander von Humboldt besuchte. Um 1820, gegen Carl Augusts Lebensende, war der Variantenreichtum der Pflanzensammlung mit 7900 am größten.

Noch ein paar interessante Details zum Roten Turm, der eine Replik des von Anna Amalia am Wittumspalais errichteten, aber 1818 im Zuge der Neuanlage des Platzes vor dem Theater abgebrochenen „Chinesischen Turms" war: Auch die für Anna Amalias Gartenturm von Adam Friedrich Oeser gestalteten Fresko-Chinoiserien, Landschaften und Figurendarstellungen wurden nach Errichtung in den Roten Turm eingebracht. Hatte Goethe bereits den Chinesischen Turm der Anna Amalia besonders geschätzt, gerade wegen der in ihm verwirklichten Darstellung von Außenräumen in Innenräumen und ihrer gleichzeitigen Konfrontation mit realen Außenräumen über die Blicke nach außen durch die Fenster des Turms, so erschien ihm die Übernahme dieses Konzepts für die gestaltete Landschaft von Belvedere besonders einleuchtend.

Und wirklich gibt es in der Orangerie und im Park sogar noch Pflanzen, die Goethe schon kannte: Zwei große Brautmyrten in Kübeln, die noch aus der Goethezeit stammen, stehen im Sommer draußen in der Orangerie. Im späten Sommer tragen sie zarte, weiße Blüten, wie es sich für die Kränze von Bräuten gehört. Im Baumbereich sind es vor allem Alteichen und verschiedene Bäume der oberen Lindenallee, die Goethe schon kannte.

## 38.2 Große Fontäne und Heckentheater im Schlosspark Belvedere

Nachdem der Spaziergänger vom Schloss zur Orangerie flaniert ist, lenkt er den Schritt vielleicht durch den Blumengarten und die Anzuchten in den eigentlichen Landschaftspark: Die alte, mittlerweile vielfach durch Nachpflanzungen ersetzte Lindenallee geht auf Herzogin Anna Amalia zurück, und es gibt eine Attraktion nach der anderen zu bewundern. Zumeist wurden diese Erinnerungsorte oder dekorativen Parkarchitekturen in der Zeit der Zarentochter Maria Pawlowna eingerichtet, die hier sehr gern weilte. Die Mooshütte entstand etwa 1817/18, der Floraplatz bereits 1815, etwa im gleichen Zeitraum der Gelehrtenplatz, der die Büsten der vier Weimarer Riesen aufweist, Wieland, Goethe, Herder und Schiller, rechts und links der Rosenlaube dann auch die Büsten Anna Amalias und Carl Augusts, die künstliche Ruine, ein wie ein Kapellchen wirkendes Eishaus und dann, gerade im frostigen Winter spektakulär, die große, dann eingefrorene Fontäne. Natürlich mussten die Gartenarchitekten der damaligen Zeit mit dem unterschiedlichen Bodenniveau spielen, das es ermöglichte, das von oben kommende Wasser hier wirklich mit Druck zu einer Fontäne hochschießen zu lassen: Sie ist eindeutig ein Höhepunkt innerhalb dieser fabelhaften Anlage aus Kultur und Natur, wie sie Schloss Belvedere bietet.

Ein Zitat von Max Brod, der gemeinsam mit Franz Kafka 1912 im Sommer Weimar einen Besuch abstattete – er widmete dem Schloss und dem Park in seinem Tagebuch immerhin eine Seite:

*„Das Lustschloss Belvedere schließt einen weiten Vorplatz mit seinem graziösen Hauptbau und vier Flügeln ein. Gelb mit grünen Läden. – Die hall ganz aus blauweißem Delfter Porzellan. Die Stufen mit Kacheln an den senkrechten Flächen … wir bekommen Filzschuhe. – Kostbarkeiten. Cloisonné-Arbeit: […] ein kleines altes Meißner Service von hohem Wert. – Russische Achate, Malachite, da Maria Pawlowna hier wohnte … die Kuppel im Schlafzimmer als ‚Himmel', mit Wolken ausgemalt. Ein Garten nach dem Muster eines bestimmten russischen. – Das Schönste nun, das Naturtheater, wo Goethes Iphigenie aufgeführt wurde. – Nur für wenige Zuschauer Raum, in zwei halbkreisförmigen Reihen.*

*Hinter einer Hecke das tiefer gelegene Orchester. Ein Sandplatz ist die Bühne. Schräggestellte beschnittene Büsche als Seitenkulissen. Im Hintergrund an einem großen gekrümmten Gitter Laubwerk […]".*[26]

Heckentheater sind Bestandteile schon barocker Gartenanlagen, wie etwa im Schlosspark Herrenhausen. Die Miniaturversion in Belvedere war für die Großherzogin Maria Pawlowna auch eine Reminiszenz an die Schlösser ihrer Kindheit in Russland.

## 39 Gelmeroda mit Lyonel Feininger und Ernst Neufert

Heute ist das kleine Dorf, 7,5 Kilometer südwestlich von Weimar, ein Ortsteil der Stadt. Gelmeroda wirkt etwas zerrissen durch die Bundesstraße. Zwei Ziele gibt es dennoch, die einen Besuch, sei es mit dem Auto, per Bus oder auch mit dem Fahrrad (über Niedergrunstedt), unbedingt lohnend machen.

### 39.1 Die Feininger-Kirche

Sie ist eine bescheidene Thüringer Dorfkirche mit der charakteristischen langen spitzen Turmhaube, gedeckt mit thüringischem Schiefer. Älteste Bauteile gehen auf den Beginn des 13. Jahrhunderts zurück, die Kirche wurde im 14. und 15. Jahrhundert vergrößert und fertiggestellt.

Bereits 1906 lebte Lyonel Feininger, dessen zweite Frau Julia seit 1905 an der Großherzoglichen Hochschule für Bildende Kunst in Weimar studierte, in Weimar und erkundete die Umgegend mit Vorliebe mit dem Fahrrad, weshalb auch ein „Feininger-Radweg" von Weimar ausgehend eine 30 Kilometer lange Rundtour vorsieht. Natürlich ist Gelmeroda hier ein erstes Hauptziel, denn die kleine Kirche hatte es dem Künstler so angetan, dass er gar in 15 kleinen und größeren Gemälden ihre Anmutung in seine charakteristische Bildsprache übersetzte. Hierbei skizzierte er vor Ort (seine bekannten „Naturnotizen") und führte im Atelier in seiner sich immer weiter perfektionierenden Manier aus. Deren Bestandteile sind eine Palette aus gedämpften Farben und ein konstruktiver, transparenter Bildaufbau, die gemeinsam zu seinen teils überirdisch wirkenden, kristallinen Kompositionen beitragen. 1919 wurde er als erster Meister überhaupt von Walter Gropius an das Bauhaus berufen und folgte der Schule auch nach Dessau.

In der kleinen Kirche, die nach der Wiedervereinigung sehr rasch komplett saniert wurde, denn sie war dem Verfall preisgegeben – seitdem ist sie auch Autobahnkirche, die erste Thüringens –, finden sich Reproduktionen der Feininger-Gemälde und Material zum Künstler selbst.

1999, im Rahmen des europäischen Kulturstadtjahrs, das Weimar ausrichten durfte, konnte eine Idee von Peter Mittmann, dem Weimarer Architekten, realisiert werden, nämlich die Kirche bei Dunkelheit durch Anstrahlungen in eine farbige Lichtskulptur zu verwandeln, die je nach Wetterlage oder Beschaffenheit der Luft anders wirkt. Im Jahr 2020 war diese Lichtskulptur nach einer längeren Unterbrechung an den Adventssonntagen und den

Weihnachtsfeiertagen jeweils nach Einbruch der Dunkelheit als Gabe der Stadtwerke Weimar an die Bevölkerung wieder zu sehen: Die Lichtinstallation interpretiert auf eindrucksvolle Weise Feiningers Gelmeroda-Bilder.

## 39.2 Neufert-Haus und Neufert Box

Ein weiteres sehenswertes Ensemble in Gelmeroda, direkt an der Bundesstraße (Rudolstädter Straße 7), ist das Wohn- und Atelierhaus, das sich Ernst Neufert 1929 auf einem großen Grundstück erbaute, samt der so genannten Neufert Box, die 1999 zum 100. Geburtstag Ernst Neuferts hier als Veranstaltungs- und Ausstellungsgebäude errichtet wurde, und zwar nach den Leitprinzipien, die auch das Neufert-Haus so besonders und modern machen: Abmessungen, Material (Holz) und Herstellungstechnologie (Bausatz). Beide Gebäude treten daher in eine verwandtschaftliche Beziehung, trotz aller Verschiedenheit.

Ernst Neufert (1900–1986), in Freyburg an der Unstrut geboren, konnte nach seiner Maurerlehre an der Weimarer Baugewerkeschule Examen machen, arbeitete kurz bei einem Industrie-Unternehmen und ging dann als einer der Ersten überhaupt 1919 an das Bauhaus. Aufgrund seiner soliden Vorkenntnisse konnte er sofort auch im Privatbüro von Gropius arbeiten und damit, anders als alle übrigen Bauhausstudierenden, im Grunde ein Privatstudium der Architektur dort absolvieren. Er sammelte daraufhin Auslandserfahrungen und wurde 1922 im Privatbüro von Gropius und Adolf Meyer angestellt. Nach einigen Jahren in Dessau wurde er 1926 Professor an der Staatlichen Bauhochschule Weimar und war später ihr stellvertretender Direktor.

In diesem Zusammenhang stand sein Hausbau in Gelmeroda: Auf einem Raster von zehn auf zehn Metern, mit einem Untergeschoss aus Mauerwerk und zwei weiteren Geschossen sowie einem Dach, war es ein Holzversuchsbau nach amerikanischem Vorbild. Es besteht aus vorgefertigten Elementen und einheitlich genormten Fenstern und Türen in der damals in Deutschland noch nicht üblichen Holzskelettbauweise. In sechs Wochen stand das gesamte Haus – für damalige Verhältnisse etwas Unerhörtes.

Ab 1930 arbeitete Neufert in Berlin und ging 1933 wieder ins Ausland. Von 1934 bis 1936 verfasste er sein Hauptwerk, die *Bauentwurfslehre,* bis heute gültig, ein Werk, das in unzähligen Auflagen publiziert wurde. 1938 beauftragte ihn Albert Speer mit der Ausarbeitung von Normen für den Wohnungsbau. Ergebnis dieser Tätigkeit war 1943 seine Publikation *Bauordnungslehre.* 1945 wurde er als Professor für Baukunst an die TH Darmstadt berufen und arbeitete international als Architekt.

Das Neufert-Haus konnte nach der Wiedervereinigung wieder in Familienbesitz übergehen und beherbergt heute die Neufert-Stiftung und das Transferzentrum Design der Bauhaus-Universität Weimar.

Die außen blaue Neufert Box zeigt im Inneren strenges, klares Holzdesign: Zwölf Ebenen ohne abgeschlossene Räume machen sie als Ort für Ausstellungen, Workshops, Seminare oder andere Events sehr gut nutzbar. Für dieses Gebäude erhielt Architekt Peter Mittmann 2001 den Thüringer Holzbaupreis. Die Ausstellung im Garten kann zu den Öffnungszeiten besichtigt werden, Haus und Box jeweils auf Anfrage, die Box ist auch buchbar.

## 40
## Ossmannstedt mit Wielands Gut und seinem Grab

Oßmannstedt erreicht man entweder mit dem Auto, mit dem Zug Richtung Naumburg oder auch mit dem Fahrrad. Das Wielandgut Oßmannstedt befindet sich in der Obhut der Klassik Stiftung Weimar, ist eine zentrale Wieland-Gedenkstätte mit Museum, Tagungsstätte und Forschungsstelle, die eine historisch-kritische Edition der Werke Wielands erstellt. Im Zusammenspiel der Klassik Stiftung Weimar und der Hamburger Stiftung zur Förderung von Wissenschaft und Kultur wurde der Gebäudekomplex restauriert, saniert und umgebaut, und im Jahr 2005 wieder eröffnet.

Auch im Wielandgut empfiehlt es sich, bei der Besichtigung eine Zeitreise zu unternehmen und das Jahr 1797 anzusteuern, als Wieland im Alter von 64 Jahren seines Lebens in Weimar überdrüssig geworden war, insbesondere, da er sich seit 1794, dem Beginn der wichtigen Freundschaft zwischen Schiller und Goethe, aus dem Kreis der großen Dichter

und Denker ausgeschlossen fühlte. Andererseits hatte der Vater von 13 Kindern seit der Veröffentlichung seiner *Sämmtlichen Werke* erstmals wirklich Geld zur Verfügung. Deshalb zeigte er sich begeistert, als das Erblehngut Oßmannstedt zum Verkauf stand: ländliche Abgeschiedenheit, ein auf Selbstversorgung setzender Grundbesitz, gleichzeitig doch Nähe zu Weimar, ein schlichtes, aber nobel wirkendes Wohnhaus, eine großzügige Natur – vom Garten geht es gleich in ein Wäldchen.

Wieland unterzeichnete noch im März 1797 den Kaufvertrag, zog mit den jüngeren Kindern, einer Schar von Enkeln und der Ehefrau Dorothea in sein „Ossmantium" und versuchte sich als Gemüse- und Obstbauer, Imker, Rinder- und Schafzüchter. Die Töchter versorgten das ausgedehnte Hauswesen. Für Goethe war es die „traurigste Gegend der Welt", als er Wieland im Juni dort besuchte. Besonders bei Regen sei man dort von aller Welt geschieden. Andererseits kaufte er selbst ein Jahr später ein ähnliches Gut in Oberroßla, das noch abgeschiedener lag …

In Oßmannstedt entsteht Wielands Alterswerk, der *Aristipp*, ein in der Antike, aber ganz in der Alltäglichkeit angesiedelter Roman (anders als die idealischen Werke Goethes und Schillers …).

Anderen Besuchern Wielands gefiel es gut in Oßmannstedt, so Jean Paul, so auch Sophie Brentano, Tochter der schwarzäugigen Maxe, die einst Goethes Gefallen erregte, und Enkelin Sophie La Roches, die einst Wielands Gefallen erregt hatte … Sophie Brentano, die in ihrer Kindheit ein Auge eingebüßt hat und daher eine schwarze Augenklappe trägt, ist der „Augenstern" von Wieland, der sie immer wieder einlädt. Hingegen benimmt sich ihr Bruder Clemens im April 1800 so ungezogen, dünkelhaft und tyrannisch, dass Wieland sein eigenes Haus verlässt und ihm ausrichten lässt, er wünsche ihn bei seiner Rückkehr von Weimar nicht mehr vorzufinden.

Nur wenige Monate später, im April 1800, stirbt Sophie Brentano in Oßmannstedt: Ein rasender Kopfschmerz hatte die 24 Jahre junge Frau gepeinigt. Sie wird in Wielands Wäldchen an der Ilm begraben. Ein Jahr später muss Wieland den guten Geist seines Hauswesens, seine Frau Dorothea, begraben – auch sie findet ihre letzte Ruhe im Wäldchen. Vater Wieland plagen nun Geldsorgen ... fehlendes Interesse an seinen Büchern seitens des Publikums, die finanziellen Schwierigkeiten seiner Kinder.

Noch einmal kehrt ein illustrer Gast hier ein, Heinrich von Kleist bezieht im Januar 1802 eine Mansarde in Oßmannstedt und schreibt an seinem *Robert Guiskard.* Dann ist das Landleben in Oßmannstedt für Wieland zu Ende, er verkauft das Gut, den Grabplatz behält er jedoch. Zehn Jahre hat er noch zu leben, in zwei verschiedenen Weimarer Häusern, in dem Haus zwischen Komödienhaus und Schweinemarkt stirbt er am 20. Januar 1813 – und wird in Oßmannstedt begraben. Ein dreiseitiger Obelisk zeigt auf der einen Seite zwei Hände (für Dorothea Wieland), auf der zweiten Seite einen Schmetterling (für Sophie Brentano), auf der dritten Seite eine geflügelte Leier (für Wieland selbst). Auch das Distichon, das den Stein umläuft, stammt von ihm: „Liebe und Freundschaft umschlang die verwandten Seelen im Leben, und ihr Sterbliches deckt dieser gemeinsame Stein."

## 41
## Schloss und Park Tiefurt

Auch Tiefurt erreicht man mit verschiedenen Verkehrsmitteln, dem Fahrrad, dem Bus, dem Auto oder in einem Spaziergang vom Weimarer Schloss aus, an der Ilm entlang. Es ist nordöstlich drei Kilometer weit von Weimar entfernt und eigentlich gar kein Schloss, sondern ein be-

scheidenes Gutspächterhaus, das 1722 im Stil des Barocks überarbeitet worden war. Ursprünglich hatte Herzogin Anna Amalia es für die Hofhaltung ihres jüngeren Sohnes, des Prinzen Constantin, vorgesehen, der hier auch gemeinsam mit seinem Prinzenerzieher Carl Ludwig von Knebel ab 1776 drei Jahre malend, schreibend und musizierend verbrachte.

Erste Umarbeitungen, etwa die Einrichtung eines Goethezimmers mit einem Kabinett (ursprünglich Wohn- und Schlafraum von Knebel), das durch reiche Ausmalung mit Weingirlanden und anderen floralen Motiven nach Goethes Anregungen das ländliche Ambiente interpretiert, gehen auf Knebel zurück. Auch ein Göchhausenzimmer gibt es, über einen Laubengang zu erreichen, in dem die kleine Hofdame Anna Amalias den *Urfaust* abgeschrieben hat – nur in ihrer Handschrift ist er überliefert, denn Goethe hat diese Urschrift vernichtet, nachdem er den *Faust* komplett überarbeitet hatte.

Goethe war von Beginn seines Lebens in Weimar an im Sommer immer wieder oft und ausgedehnt in Tiefurt, denn er und Knebel waren einander in Freundschaft sehr verbunden. Als Prinz Constantin ab 1781 auf Reisen ging und ihm danach eine Zukunft in militärischen Diensten bevorstand, zauderte die Herzogin nicht lange, sondern übernahm gegen den Protest des Prinzen das Anwesen und wählte es als Sommersitz. Schloss Ettersburg gab sie auf.

Es ging Anna Amalia um ein „Rustizieren ohne Hofmarschall" – fernab der höfischen Steifheit wollte sie sich mit einer ihr genehmen Gesellschaft im Park vergnügen und geistvoll-künstlerischen Gesprächen, der Musik, dem Tanz, dem Theater oder der Literatur widmen. Die Gäste wohnten teils im Schloss, teils waren sie im Dorf untergebracht, und sie hatten Anna Amalias strukturiertes Leben zu teilen. Lediglich nach der Mittagstafel war eine Ruhepause für jedermann vorgesehen.

Es war klar, dass die Herzogin Goethes literarische Fähigkeiten sehr gern in ihre Aktivitäten einzubinden suchte. Auch bereicherte er ihre Pläne, den Park rund um das Anwesen umzugestalten, mit seinen Ideen. Der Tiefurter Park sollte, wie schon der Ilmpark, zu einem Landschaftspark der Empfindsamkeit werden. Die Umgestaltung des Schlösschens schob die Herzogin indes auf. Der Spaziergänger erlebt hier ein einzigartiges Ensemble von Natur und Kultur des 18. Jahrhunderts.

Nachdem Knebel erste Maßnahmen ergriffen hatte, etwa die umliegenden Felder in große zusammenhängende Rasenflächen verwandelte, setzte Goethe die Arbeit fort, ersann Aussichtspunkte, Steinmauern mit integrierten Sitzflächen, Musentempel, die man auf gewundenen Pfaden erreicht, sowie Erinnerungszeichen. Die endgültige Gestalt, die auch heute noch den Spaziergänger empfängt, erhielt der Park jedoch erst durch Hermann Ludwig Heinrich von Pückler im 19. Jahrhundert.

Der Park ist in der schönen Jahreszeit besonders reizvoll. Hier wurde auf Anna Amalias Wunsch das erste Mozart-Denkmal Deutschlands errichtet (1799), *Vergils Grotte* soll an die Vergänglichkeit allen Lebens erinnern, und die Statue *Amor als Nachtigallenführer* von Hofbildhauer Klauer ist sehenswert. Sie trägt folgende Inschrift aus Goethes Feder: „Dich hat Amor gewiß, o Sängerin, fütternd erzogen. Kindisch reichte der Gott dir mit dem Pfeil die Kost. So, durchdrungen vom Gift, die harmlos atmende Kehle, Trifft mit der Liebe Gewalt nun Philomene das Herz." Diese Inschrift ist eine Huldigung an die Sängerin und Schauspielerin Corona Schröter, die sowohl von Herzog Carl August als auch von Goethe verehrt wurde.

Inmitten der Naturwiese in gehörigem Abstand zum Schloss ist ein Musentempel, 1803 errichtet, ein hübscher Blickfang. Die Aussage ist deutlich: Hier in Tiefurt haben die Musen ihren Sitz. 1805 kam ein Teesalon hinzu, ebenso eine auf einem Felsbrocken angebrachte Gedenktafel für den Ende 1803 verstorbenen Herder, den Anna Amalia so geschätzt hatte. Und schließlich gedenkt die Herzogin sowohl ihres ertrunkenen Bruders Leopold wie ihres früh verstorbenen Sohns Constantin durch einen Stein mit Inschrift. Tiefurt wurde für Anna Amalia spätestens seit ihrer Rückkehr von der Italienreise 1790 zu einem „ritiro", einem Rückzugsort. Ihre Wünsche, sich stark im Weimarer Theater zu engagieren, ja dessen Intendanz zu übernehmen, waren bei ihrem Sohn nicht gut angekommen. Er ersehnte sich, nun auch stark von Goethe unterstützt, ein professionelles Theater, das die Leuchtkraft besäße, Weimar noch bekannter zu machen. Für Anna Amalia hingegen war das Kunstideal das des adligen Dilettierens ohne professionelle Künstler und Leitung geblieben. Hatte sie nicht nach dem Schlossbrand 1774 ein Liebhabertheater ins Leben gerufen, das gerade auch in Tiefurt seine großen Triumphe feierte, sommers, im Freien? 1781 hatte man Goethes Geburtstag hier mit einem Schattenspiel gefeiert, in welchem Corona Schröter die Minerva spielte und Goethe im letzten Akt mit einer goldenen Leier (der des Apoll) und den Blumenkränzen der Musen ehrte: Goethe, so die Botschaft, sollte sich weiter mit *Tasso, Egmont* und *Faust* befassen, rieten ihm die Freunde im Theaterstück.

Ein Jahr später gar wird im Park von Tiefurt das Wald- und Wasserdrama *Die Fischerin* aufgeführt, ein Höhepunkt von Goethes Inszenierungen für das Liebhabertheater. Der Park ist illuminiert, Corona Schröter wirkt hinreißend als Fischermädchen Dortchen, als welches sie eingangs Goethes Ballade vom *Erlkönig* in ihrer eigenen Vertonung singt, die lange vor der Schuberts entstand. Ein Bild von großer Suggestivität, so beschreibt Goethe die gelungene Aufführung:

*„Für Tiefurt habe ich eine Operette gemacht, die sehr gut und glücklich aufgeführt worden [...] Die Zuschauer saßen in einer Mooshütte wovon die Wand gegen das Wasser ausgehoben war. Der Kahn kam von unten herauf pp. Besonders war auf den Augenblick gerechnet wo in dem Chor die ganze Gegend von vielen Feuern erleuchtet und lebendig von Menschen wird."*[27]

Man kann herrliche lange Spaziergänge durch den Tiefurter Park und bis nach Kromsdorf machen, vom Landschaftspark aus in die ganz freie Natur überwechseln, unmerklich, wie überall in den Landschaftsparks um Weimar, und immer wieder kann man sich von dem Sog, den das 18. Jahrhundert mit seiner maßvollen Architektur ausübt, der schlichten Eleganz von Bauten und Interieurs, von der nur durch kleine Eingriffe gebändigten Natur bezaubern lassen und eintauchen in jene Welt vor über 200 Jahren, als die Künste Hausrecht hier hatten.

## 42
## Schloss Ettersburg mit dem Pücklerschlag

Das kleine Dorf Ettersburg am Fuß des Ettersbergs ist dem gleichnamigen Schloss mit seinem Landschaftspark benachbart: Um 1085 gründeten die Grafen von Querfurt hier ein Augustiner-Chorherren-Stift, das bis 1525 bestand, nach der Säkularisierung aber verfiel. Eines der Gebäude wurde vermutlich im 16. Jahrhundert als Jagdhaus genutzt, ab 1540 ist die Anlage insgesamt als Kammergut ausgewiesen.

Der für seine Verschwendungssucht berühmte Herzog von Sachsen-Weimar, Wilhelm Ernst, ließ in den Jahren 1706 bis 1712 an der Stelle des Stifts eine dreiflüglige Schlossanlage errichten, deren Ostteil sich an die Dorfkirche anlehnte (heute sieht der Spaziergänger ihren neugotischen Nachfolgerbau). Ein nach Süden orientierter freistehender, im barocken Stil errichteter Wohnbau ergänzte in den Jahren 1723 bis 1739 die Anlage. In der Sichtachse am gegenüberliegenden Hang wurde 1730 ein kleines Jagdschlösschen mit Turm, der Brunfthof, gebaut. Ein damals vorhandener Jagdstern mit zehn Jagdschneisen, in alle Richtungen des Waldes ausgreifend, ist seit langem verschwunden. Der Landschaftspark, den wir heute sehen, ist eine Schöpfung des 19. Jahrhunderts.

In der Zeit der Herzogin Anna Amalia war Ettersburg, vor Tiefurt, Sommersitz der Herzogin: Sie bestimmte den Saal im alten Schloss ihren Neigungen entsprechend zum Theatersaal und ließ ihr geschätztes Liebhabertheater hier auftreten. Goethes frühe Weimarer Werke *Das Jahrmarktsfest zu Plundersweilern* (1778) und *Die Laune des Verliebten* (1779) wurden hier uraufgeführt, er inszenierte an diesem Ort seine *Mitschuldigen, Die Vögel* sowie die Prosafassung seiner legendär gewordenen *Iphigenie auf Tauris,* in welcher er selbst als Orest auftrat. Die Mitspieler waren sein Freund, der Herzog Carl August, außerdem der Märchendichter Musäus, Corona Schröter, die junonisch wirkende Sängerin, und viele andere dem Hof verbundene „Liebhaber".

Man tanzte auf Bällen, hörte Konzerte, trank Tee, malte und unterhielt sich – Ettersburg war ein herzogliches Kulturzentrum ganz nach Anna Amalias Geschmack. Hier beendete Schiller im Jahr 1800 *Maria Stuart*, und hier fand der fast grob zu nennende Scherz auf Kosten Wielands statt, dessen Oper *Alceste* einer beißenden Parodie unterworfen wurde – deren Kopf Goethe war. Wieland wurde von der Herzogin geladen, glaubte, an einer Vorfeier zu Ehren des Geburtstags von Carl August teilzunehmen. Allein: Als der Theatervorhang hochgeht, sieht er einen Schauspieler mit einer Maske nach dem eigenen Gesicht, der mit Riesenfeder Bogen um Bogen beschreibt. Und auch die Musik der *Alceste* (von Anton Schweitzer) wird grotesk verzerrt, die schönste Arie gar im Heulton geschluchzt. Alceste fährt mit der Post und großem Gepäck in die Unterwelt, wo ein riesiger Herkules in Goethes Gestalt sie empfängt und sie, seine Keule in Art des Wieland'schen Spazierstocks schwingend, wieder in die Oberwelt zurückführt. Das ist zu viel: Schreiend verlässt Wieland den Saal, dröhnendes Gelächter begleitet diesen Abgang …

Ettersburgs große Tage sind mit dem Umzug der Herzogin nach Tiefurt 1781 vorbei. Erst ab 1842 erwachen Schloss und Park wieder aus dem Dornröschenschlaf, denn Großherzog Carl Alexander und seine Gemahlin Sophie laden hierher erneut regelmäßig Künstler ein, darunter etwa Hans Christian Andersen. Jetzt erfolgte die Umgestaltung der Landschaft

rund um das Schloss. Der berühmte Gartenkünstler Hermann Fürst von Pückler-Muskau gab dazu Rat, ließ die schmale Schneise hinauf zum Brunfthof stark erweitern – bis heute wird dieser Abhang der „Pücklerschlag" heißen.

Wechselnde Zeiten brachen für Ettersburg nach dem Ende des Großherzogtums 1919 an: Inzwischen im Besitz des Landes Thüringen, konnte die Hermann-Lietz-Stiftung der Deutschen Landerziehungsheime das Gebäude pachten und hier ein Landerziehungsheim betreiben. 1948 kam eine Justizschule im Schloss unter, ab 1962 ein Altenheim. Rechtsträger waren ab sofort die Nationalen Forschungs- und Gedenkstätten der klassischen deutschen Literatur in Weimar (NFG). Der drohende Verfall des Schlosses wurde von der nachwendlichen Folgeeinrichtung, der Klassik Stiftung Weimar vermieden, indem ein neues Nutzungskonzept erarbeitet wurde: Das Bildungswerk BAU Hessen-Thüringen, ein gemeinnütziger Bildungsverein, übernahm 2005 das Objekt und sanierte den Gebäudekomplex. Heute sind in Schloss Ettersburg ein Hotel und ein Restaurant zu Hause. Der Schlosskomplex kann daneben als Tagungsort und für Veranstaltungen bzw. Feiern gebucht werden. 2008 hat die *Bauhaus Akademie Schloss Ettersburg GmbH* ihre Arbeit mit Fortbildungen für alle Baugewerke und Bau-Fachverbände aufgenommen. Unabhängig davon ist Schloss Ettersburg wie schon zu Anna Amalias Zeiten Heimstatt zentraler und hochwertiger Kulturveranstaltungen. In der Ettersburger Schlosskirche schließlich kann man jeden Sonntag die neue Woche mit einem ökumenischen Abendgebet beginnen, vielleicht nach einem langen Spaziergang durch den Ettersburger Forst oder nach Sammeln des im Frühling hier so üppig wachsenden Bärlauchs. Das ist eine sehr stimmungsvolle und Ruhe spendende Möglichkeit, sich mit dem Ort zu verbinden.

Zwei Ausflüge zu Weimar-verbundenen Orten:

## 43
## Dornburg mit seinen Schlössern und Gerhard Marcks

Ein Ausflug zu den Dornburger Schlössern ist besonders im Sommer, allzumal im Rosenmonat Juni, fast ein Muss, wenn man Weimar ohne Hast bereist. Am 24. Juni wird in Dornburg alljährlich das Rosenfest gefeiert, am Geburtstag des Großherzogs Carl Alexander von Sachsen-Weimar. Er würdigte die Dornburger Schlösser in Erinnerung an seinen Großvater Carl August, der sie, motiviert durch Goethe, aus ihrem Dornröschenschlaf geweckt hatte.

Drei Schlösser erscheinen hoch über der Saale vor dem Betrachter, wenn man den Weg von unten wählt. Das Alte Schloss auf der rechten Seite war zu Goethes Zeiten ein Amtshaus; heute birgt es eine Begegnungs- und Tagungsstätte der Universität Jena. In der Mitte thront das Rokokoschloss. Der Effekt, von oben über das Dorf Dornburg zu kommen und in das Schloss zu treten oder auch nur auf seine Terrasse, ist überwältigend: Ebenerdig schreitet man hinaus und befindet sich sofort in schwindelnder Höhe, 100 Meter über der Saale. Von den Saalewiesen aus betrachtet links liegt das Renaissanceschloss. Dieser romantische Bau mit der Felsterrasse über dem Weinberg war Goethes bevorzugter Aufenthaltsort, wenn er in Dornburg weilte. Er residierte zumeist in der Bergstube, die im Rahmen der Schlossbesichtigung angeschaut werden kann – inklusive des Schreibtischs, an dem er seine beiden Dornburger Gedichte verfasste.

Aber Dornburg ist nicht nur Ort der klassischen Zeit und ihrer Erinnerung: Gerhard Marcks, der von Walter Gropius ans Bauhaus berufene Formmeister für die Töpferei, hatte hier im Marstall eine Keramikwerkstatt. Nach seinem Weggang von Dornburg/Weimar 1925 übernahm Otto Lindig die Töpferei, auf ihn folgte ab 1948 die Töpfer-Familie Körting, die bis heute dort ihre im Sinne des Bauhauses ausgeübte Tätigkeit als Keramiker fortführt. Der Marstall ist mittlerweile ein von Bürgel aus betriebenes Bauhaus-Werkstatt-Museum. Über das Keramik-Museum Bürgel lassen sich Führungen buchen.

## 44
## Schloss Kochberg: Schlossmuseum, Liebhabertheater und Park

Nur 35 Kilometer von Weimar entfernt, erreicht man Schloss Kochberg über Bad Berka, Blankenhain und Teichel. Wer gut zu Fuß ist und auf den gleichen Pfaden wandeln möchte wie einst Goethe, kann auch über den Goethewanderweg von Weimar nach Schloss Kochberg gelangen.

Ein Rundgang durch das bezaubernde Ensemble bestehend aus dem einstigen Wasserschloss, dem Park und dem kleinen Liebhabertheater vermag die Atmosphäre des 18./19. Jahrhunderts authentisch zu vermitteln. Hier lebte Goethes enge Vertraute und Freundin Charlotte von Stein, geb. von Schardt, die 1764 den Hofstallmeister Josias von Stein heiratete. Dessen Vater, kaiserlicher Reichshofrat, hatte das Schloss 1733 gekauft. Goethe war hier von 1775 an zahlreiche Male zu Besuch.

Im Schlossmuseum sieht man u. a. eine der Zeichnungen, die Goethe für Charlotte anfertigte. Insgesamt sind die Zimmer mit Mobiliar, Silhouetten und Zeichnungen aus Familienbesitz bestückt. Im Roten Salon steht ein zierlicher Schreibtisch, den Goethe persönlich für Charlotte entworfen hat. Ein Goethe-Zimmer gibt es im Schloss natürlich auch: Hier soll er, wann immer er in Kochberg war, gewohnt haben. Beherrschend ist der barocke Schreibschrank von 1757, auf dem sich eingeritzt Goethes eigenhändige Datierungen seiner Aufenthalte befinden.

Schloss Kochberg zu besuchen, ohne einen Blick auf und in das Liebhabertheater zu werfen, ist undenkbar. Hier fanden im Weimarer Stil inszenierte Liebhaberaufführungen statt, bei denen die Kinder, Verwandten, Freunde und Dienstboten mitwirkten. Nach einer historischen Rekonstruktion ist das kleine Theater wieder wie einst mit marmoriertem Papier der damaligen Mode tapeziert. Und wie damals wird hier, allerdings professionell, Theater gespielt oder musiziert.

Den Besuch auf Kochberg sollte man mit einem Gang durch den herrlichen Park abschließen, an den sich eine Aufzuchtgärtnerei anschließt. Der Blumengarten, die Grotte, die künstliche Ruine und die originelle Wasseranlage mit rundem Badeteich und Badehäuschen locken den Spaziergänger auf schattigen Wegen auch im Hochsommer zu einem Rundgang. Eine Stärkung im Schlossrestaurant, eine Aufführung im Liebhabertheater – auch so kann ein Ausflug nach Kochberg ausklingen. Und wer einmal den stimmungsvollen Nikolausmarkt besucht hat, wird gern immer wiederkommen.

## Weiterführende Literatur

Joachim Berger: Anna Amalia von Sachsen-Weimar-Eisenach (1739–1807). Denk- und Handlungsräume einer „aufgeklärten" Herzogin. Heidelberg 2003.

Hajo Düchting (Hg.): SEEMANNs Bauhaus-Lexikon. Leipzig 2009.

Gitta Günther, Wolfram Huschke und Walter Steiner: Weimar. Lexikon zur Stadtgeschichte. Weimar 1998.

Peter Henning Haischer: Christoph Martin Wieland. Ein Weltbürger in Weimar. Weimar 2015.

Heimatverein Ehringsdorf e.V. (Hg.): 750 Jahre Ehringsdorf (Chronik). Erarbeitet von Gunter Rentzsch. Weimar 2002.

Detlef Jena: Maria Pawlowna. Großherzogin an Weimars Musenhof. Graz, Wien, Köln 1999.

Angelika Pöthe: Fin de siècle in Weimar. Moderne und Antimoderne 1885–1918. Köln, Weimar, Wien 2011.

Bernhard Post und Dietrich Werner: Herrscher in der Zeitenwende. Wilhelm Ernst von Sachsen-Weimar-Eisenach 1876–1923. Weimar 2006.

Annette Seemann und Constantin Beyer: Weimar. Die bedeutendsten Bauten. Leipzig 2005.

Annette Seemann: Weimar. Eine Kulturgeschichte. München 2012.

Annette Seemann: Goethes Orte in Weimar. Berlin 2019.

Gerd Seidel und Walter Steiner: Baustein und Bauwerk in Weimar. (Tradition und Gegenwart. Weimarer Schriften 32), Rat der Stadt Weimar, Weimar 1988.

Walter Steiner und Uta Kühn-Stillmark: Friedrich Justin Bertuch. Ein Leben im klassischen Weimar zwischen Kultur und Kommerz. Köln, Weimar, Wien 2001.

Justus H. Ulbricht: Klassikerstadt und Nationalsozialismus. Kultur und Politik in Weimar 1933 bis 1945. Weimar 2002.

## Dank

Unser Dank für „Unser Weimar" und alle wunderbaren Auskünfte, Gespräche und Hinterlassenschaften (in baulicher oder schriftlicher Form) geht an:

Michael Adler, Cara Apfelkern, Felix Bieber, Mirko Brux, Claudia Dell, Marcello Fabbri, Dr. Bernhard Fischer, Silke Gablenz-Kolakovic, Johann Wolfgang von Goethe, Pfarrer Timo Gothe, Gunter Grobe, Carola Hahn, Philipp Heine, Johann Gottfried von Herder, Prof. Dr. Wolfram Huschke, Jürgen Jäger, Rudolf Kaiser, Prof. Dr. Michael Kapsner, den launigen Kenner, Alexander von Keyserlingk, Claudia Köcher, Aviv Koriat, Martin Luther, Gesina Malisius, Dr. Hilaire Mbakop, Manfred Meiselbach, Annelies Pennewitz, Flavia Pinto de Carvalho, Dr. Bernhard Post, Barbara Prax, Dr. Alf Rößner, Katharina und Stephan Rose, Walter Sachs, Anna Amalia von Sachsen-Weimar und Eisenach, Carl August von Sachsen-Weimar und Eisenach, Friedrich Schiller, Robin Schlolaut, Prof. Karl-Heinz Schmidt, Dr. Thomas Schmuck, Angelika Schneider, Steffen Schunke, Monika und Gregor Seiffert, Sandra Siegmund, Heike Sterner, Kerstin Usung, Bettina Vick, Stefan Voigt, Claudia Weinreich, Christoph Martin Wieland, den kundigen Zecher und Sabine Zotzmann.

## Anmerkungen

1 Johann Peter Eckermann: Gespräche mit Goethe in den letzten Jahren seines Lebens, hg. von Fritz Bergemann. Frankfurt am Main 1981, S. 599.

2 In: Louis Fürnberg: Gesammelte Werke in sechs Bänden. Bd. 2, Berlin und Weimar 1965, S. 368.

3 Adolf Stahr: Weimar und Jena. E. Tagebuch (2 Bände), Reprint der Ausg. Oldenburg 1852 (Nabu/USA), 1. Bd., S. 10f.

4 Johann Wolfgang von Goethe: Über die verschiednen Zweige der hiesigen Tätigkeit [November 1795], in: Sämtliche Werke, MA, 4.2, S. 872–883, hier S. 877.

5 Stahr: Weimar und Jena, S. 37–39.

6 Vgl. Werner Weiland: Der „Stein des guten Glücks" im Garten am Stern, in: Goethe-Jahrbuch Bd. 103, Weimar 1986, S. 345.

**7** Johann Wolfgang von Goethe: Werke (Hamburger Ausgabe in 14 Bänden). Bd. 2 (Gedichte und Epen II). München 1981, S. 66.

**8** Als Kooperationsprojekt zwischen der Klassik Stiftung Weimar, der Hochschule für Musik Franz Liszt und der Bauhaus-Universität Weimar.

**9** Die erste war im Haus des Vaters des Kammerherrn von Kalb, heute Eisfeld 12, bekannt als Sächsischer Hof. Hier wohnte Goethe vom 7. November 1775 bis zum 18. März 1776.

**10** Eine Laterne ist in der Architektur ein polygonaler Turmabschluss, nach oben geschlossen, an den Seiten mit Fenstern oder Öffnungen versehen.

**11** Kalkstein, der aus kalten, warmen oder heißen Süßwasserquellen ausgefällt wurde.

**12** http://www.entdeckerraum-herderkirche-weimar.de/ Anmeldungen telefonisch über das Büro der Stadtkirche St. Peter und Paul unter 03643 903182.

**13** Zuletzt von Elisabeth Asshoff: Der Weimarer Cranach-Altar. Ein ernestinisches Bekenntnis zur Reformation. Weimar 2016.

**14** Auf Deutsch: „Allein durch die Schrift, allein durch die Gnade, allein durch den Glauben".

**15** Vgl. diesen Zusammenhang bei Annette Seemann: Christiane von Goethe. Dichtung und Wahrheit. Halle 2018, S. 36–41.

**16** Vgl. Achim Aurnhammer: Schillers Schädel in Goethes Hand. Das Terzinengedicht *Im ernsten Beinhaus war's* im Kontext von Goethes Gedächtnis-Poetik und -Politik. In: Helmut Höhn, Nikolas Immer, Ariane Ludwig (Hg.): Schillers Nachleben in Goethes Denken und Dichten. Weimar 2020, S. 43–71, hier: S. 43.

**17** Vgl. Christoph Schmälzle: Der Mann ist ja völlig kahl. In: Frankfurter Allgemeine Zeitung vom 18.11.2020, Nr. 269, Geisteswissenschaften, S. 3.

**18** Zit. nach Detlef Jena: Das Weimarer Quartett: Die Fürstinnen Anna Amalia, Louise, Maria Pawlowna, Sophie. Regensburg 2007, S. 213f.

**19** Einen Anteil auf das mit dem Grundbesitz verbundene Braurecht, bezieht sich auf die Menge und die Häufigkeit des erlaubten Brauens.

**20** Auf der Webseite der Klassik Stiftung Weimar unter „Parkhöhle" findet man das Angebot der Museumsboxen, das für Kinder zwischen sechs und zwölf Jahren, durchaus auch ganze Klassen, die Geologie vor Ort altersgerecht, über kleine Experimente etwa, vermittelt.

**21** Johann Wolfgang Goethe an Carl Cäsar von Leonhard. In: Goethes Werke. Hg. im Auftrag der Großherzogin Sophie von Sachsen. Weimar 1887–1919 [Weimarer Ausgabe, im Folgenden WA]. Abt. IV, Bd. 31, (Brief 51). Weimar 1905, S. 50.

**22** Vgl. Peter Merseburger: Mythos Weimar. Zwischen Geist und Macht. München 1999, S. 273ff.

**23** Frank Boblenz: Die Gedenktafel für die Weimarer Verfassung von 1919 am Deutschen Nationaltheater Weimar. Ein Thüringer Auftragswerk für Walter Gropius. In: Die Große Stadt: Das kulturhistorische Archiv von Weimar-Jena 2/1 (2009), S. 24–39.

**24** Tim Schüler: Altsteinzeit – Früheste Besiedlung, in: Sigrid Dušek (Hg.): Für das Thüringische Landesamt für Archäologische Denkmalpflege: Ur- und Frühgeschichte Thüringens. Stuttgart 1999, S. 37.

**25** Vgl. diesen Zusammenhang bei Jens Schley: Nachbar Buchenwald. Die Stadt Weimar und ihr Konzentrationslager 1937–1945. Köln, Weimar, Wien 1999, S. 56–58.

**26** Max Brod, Tagebucheintrag. Zit. nach: Franz Kafka: Gesammelte Werke in 12 Bänden. Nach der krit. Ausgabe der Werke Franz Kafkas. Bd. 12: Reisetagebücher. Frankfurt a. M. 1994, S. 212f.

**27** J. W. Goethe an Karl Ludwig von Knebel, 27. Juli 1822. In: Goethes Werke. Hg. im Auftrag der Großherzogin Sophie von Sachsen. Weimar 1887–1919 [Weimarer Ausgabe. Im Folgenden WA]. Abt. IV, Bd. 6, Weimar 1907, S. 17.

## Abbildungsnachweis

Alle Fotos im Buch von Constantin Beyer (außer S. 74 li.: Foto Günther Beyer um 1928 © Constantin Beyer).

Mit freundlicher Unterstützung von:

Albert-Schweitzer-Komitee e.V. Weimar (S. 46), Bauhaus-Universität Weimar (S. 133), Brauerei Weimar-Ehringsdorf GmbH (S. 122), Evangelisch-Lutherische Kirchengemeinde Weimar (S. 90, 98, 99, 100), Hotel Elephant Weimar (S. 80), Katholische Pfarrei Herz Jesu Weimar (S. 107), Klassik Stiftung Weimar (S. 1, 14, 16, 41, 51, 52, 56–58, 110, 119, 120, 124, 125, 135, 136, 141, 146, 154, 156, 162), Landesarchiv Thüringen – Hauptstaatsarchiv Weimar (S. 49), Museum für Ur- und Frühgeschichte Thüringens (S. 129), Museumshop GmbH Weimar (S. 143), Neufert-Stiftung (S. 152), Stadtmuseum Weimar im Bertuchhaus (S. 77, 79), Stiftung Gedenkstätten Buchenwald und Mittelbau-Dora (S. 138), Stiftung Thüringer Schlösser und Gärten (S. 91).